BIBLIOTHÈQUE
HISTORIQUE ET MORALE

APPROUVÉE

PAR Mgr L'ÉVÊQUE DE LIMOGES.

—

Tout exemplaire qui ne sera pas revêtu de notre griffe sera réputé contrefait et poursuivi conformément aux lois.

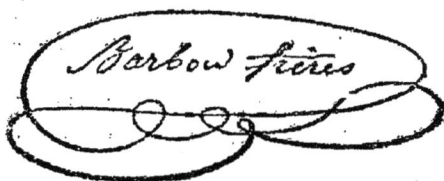

Barbou Frères

C.

HISTOIRE DE JÉRUSALEM.

HISTOIRE

DE JÉRUSALEM.

HISTOIRE

DE

JÉRUSALEM

PAR

AMAND BIÉCHY,

Professeur de philosophie.

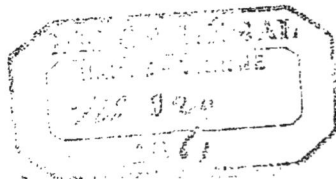

LIMOGES.

BARBOU FRÈRES, IMPRIMEURS-LIBRAIRES.

1861

HISTOIRE
DE JÉRUSALEM.

CHAPITRE PREMIER.

—

Depuis long-temps Jérusalem et une partie de la Judée étaient soumis à un gouverneur romain, pendant que le reste reconnaissait pour roi le juif Agrippa, de la famille d'Hérode. Florus gouvernait Jérusalem; et sa tyrannie se faisait durement sentir sur le peuple. Les Juifs, exaspérés, se soulevèrent. Ni les conseils d'Agrippa, ni les sollicitations de plusieurs d'entre leurs frères ne purent les apaiser.

Les Juifs, divisés ainsi entre eux, ne purent plus tenir contre l'armée romaine : ils se retirèrent vers Jérusalem, et le général romain Cestius les y suivit. Tel était le désordre qui régnait dans la place, que si les Romains l'eussent attaquée sur-le-champ, ils s'en seraient infailliblement rendus maîtres, ce qui eût évité les horribles calamités qu'entraîna la suite de la guerre. Cestius demeura quatre jours dans la ville sans donner l'assaut; les jours suivants, il tenta en vain d'emporter la place par escalade : les factieux se défendirent si vaillamment, que les Romains furent

contraints, à plusieurs reprises, de se retirer avec perte. Ils essayè-
rent donc d'un dernier moyen, et formèrent ce qu'ils appelaient la
tortue : les premiers rangs plaçaient leurs boucliers au-dessus de
leur tête, en les appuyant en avant contre la muraille; ceux du
second rang joignirent leurs boucliers aux boucliers du premier
rang, et tout le corps en faisait autant, formant ainsi une espèce
de voûte de fer, sous laquelle les soldats, à couvert des projectiles
des Juifs, purent travailler à loisir et battre en brèche les murs et
les portes du temple.

Les factieux, épouvantés à la vue de cette machine vivante, s'enfuirent hors de la ville, et déjà le peuple s'apprêtait à en ouvrir les
portes à Cestius; mais Dieu, irrité contre ces méchants, ne permit
pas que la guerre finît si tôt. En effet, les Romains, mal informés
de ce qui se passait dans la place, levèrent le siége au moment où
ils avaient le plus lieu de compter sur un succès complet. Cette
retraite imprévue ranima le courage des assiégés : ils se mirent à
poursuivre les Romains et les incommodèrent extrêmement. Le
chemin par où il fallait passer était fermé de pieux à travers lesquels
les Juifs accablaient les légionnaires à coups de flèches et de pierres,
sans que ces derniers pussent se défendre, chargés qu'ils étaient du
poids de leurs armes, engagés dans des rangs qu'ils ne pouvaient
rompre, et attaqués par des ennemis si dispos et si légers, qu'on
les voyait presque partout en même temps. Aussi les Romains, outre
un grand nombre de soldats, perdirent-ils plusieurs des principaux
officiers de leur armée. Cette retraite meurtrière dura jusqu'à ce
qu'ils fussent arrivés à Gabaon. Cestius y passa deux jours, ne
sachant à quoi se résoudre; mais le troisième jour il s'aperçut que
les ennemis profitaient de cette halte pour faire venir des secours
de toutes parts, et que chaque jour le nombre en multipliait.

Il se défit alors de la plus grande partie de son bagage, fit tuer
presque toutes les bêtes de somme, et se remit en route vers Be-
thoron. Tant qu'il y avait à traverser des contrées spacieuses et
découvertes, les Juifs se tenaient à l'écart; mais aussitôt qu'ils
voyaient les légions engagées dans des passages étroits et sur des
pentes difficiles, ils les chargeaient en tête pour les empêcher

d'avancer, et en queue pour les pousser dans les gorges des montagnes, où ils les accablaient à coups de flèches.

Les Romains, réduits ainsi à ne pouvoir ni fuir ni combattre, tombèrent dans le désespoir, et se laissèrent emporter jusqu'aux pleurs et aux gémissements; tandis que les Juifs poussaient des cris de joie en continuant de les frapper. Si la nuit ne fût enfin survenue, toute l'armée romaine eût succombée presque sans pouvoir se défendre.

Cestius choisit alors quatre cents hommes qui consentirent à se dévouer pour le salut des légions. Ils se placèrent aux avant-postes, et, par le bruit qu'ils firent, donnèrent aux Juifs lieu de penser que toute l'armée était campée derrière eux. Pendant ce temps, Cestius fit une extrême diligence, et, quand le jour fut venu, il était hors de danger.

Les factieux se jetèrent alors sur ces quatre cents et les égorgèrent; puis ils se saisirent des machines de guerre que les Romains avaient abandonnées pour fuir plus vite, et, après avoir dépouillé les morts, ils retournèrent à Jérusalem, chargés de butin et poussant des cris de victoire. Mais, en même temps qu'ils rentraient dans la ville, plusieurs des principaux Juifs en sortaient, comme on sort d'un vaisseau qu'on voit sur le point de faire naufrage. Ils se rendirent au camp de Cestius, qui les envoya à Néron, afin qu'ils lui fissent le récit exact de tout ce qui s'était passé, et qu'ils rejetassent sur Florus la cause de la guerre.

A la nouvelle de la défaite de l'armée romaine, les habitants de Damas résolurent de massacrer les Juifs qui habitaient leur ville. Ils prirent, pour exécuter ce projet, le temps où ces malheureux étaient rassemblés dans le lieu des exercices publics : ils les y surprirent sans armes, et les tuèrent tous jusqu'au dernier : il y en avait dix mille.

Les factieux, fiers de leur victoire et pleins de confiance en leurs forces, songèrent alors à se donner des chefs; ils se partagèrent donc le commandement de différentes provinces : Joseph, fils de Garion, et Ananias, grand pontife, furent préposés à la garde de la ville, ou, en outre, Eléazar, fils de Simon, exerçait une grande influence, quoiqu'il n'eût pas de commandement spécial. Jésus, fils de Saphas, et Eléazar, fils d'Ananias, furent nommés gouverneurs de la Péraïte; on envoya, avec des missions semblables, Josèphe, fils de Mathias, dans la haute et dans la basse Galilée; un autre Josèphe, fils de Simon, à Jéricho; les autres gouvernements furent de même confiés à différents chefs, choisis par les factieux les plus ardents.

Quant à Josèphe, fils de Mathias (c'est l'auteur même de cette histoire dont nous donnons ici une traduction abrégée), aussitôt qu'il fut arrivé dans sa province, il s'occupa des moyens de s'y fortifier, en se faisant aimer des habitants, en relevant les murailles des places fortes, et en donnant des armes à tous ceux, au nombre de plus de cent mille, qui étaient en âge et en état d'en porter, en les exerçant à manier ces armes, et surtout en leur faisant, autant que possible, adopter cette tactique admirable et cette discipline rigoureuse qui donnaient aux Romains la supériorité sur tous les autres peuples du monde.

Par toute la Judée on se préparait, avec une ardeur extrême, à la guerre contre les Romains, et le pays en était plein d'agitation et de tumulte. A Jérusalem on relevait les murailles de la ville, on rassemblait un grand nombre de machines, et presque chaque maison était transformée en un atelier, où l'on confectionnait des flèches et des armes de guerre. Ce n'est pas que tout le monde entrevît la guerre à laquelle on se préparait avec les mêmes yeux et dans les mêmes intentions : les uns, c'étaient ceux qu'on nommait les zélateurs ou les factieux, étaient tout de feu et prenaient plaisir à se repaître des plus chimériques espérances; les plus sages et les plus judicieux ne prévoyaient qu'avec épouvante les suites d'une terrible guerre, et les malheurs où l'on allait s'engager; il y en avait d'autres enfin qui ne craignaient pas de spéculer sur le malheur public, et de profiter de ces moments de trouble pour exercer les plus odieux brigandages.

CHAPITRE II.

A la nouvelle des revers que ses troupes avaient essuyées en Judée, l'empereur Néson fit éclater sa colère contre Cestius, gouverneur général de la province, non parce qu'il avait mal administré, mais parce qu'il s'était laissé battre par les Juifs; attribuant sa défaite non à la valeur de ceux-ci, mais à l'incapacité de son général. Il pensait en effet qu'il convenait à la dignité de l'empire, et à cette suprême grandeur qui élevait l'empereur si fort au-dessus des autres princes, de ne témoigner que par du mépris, dans de telles circonstances, cette fermeté qui rend l'âme supérieure aux événements. Dans ce combat entre la crainte et la fierté, dont son âme était le théâtre, il jeta les yeux autour de lui pour voir quel serait l'homme auquel il confierait la conduite d'une guerre où il s'agissait non-seulement de châtier les Juifs, mais encore de frapper sur cette nation un coup terrible, et d'en faire un exemple qui épouvanterait à jamais ceux qui pourraient méditer des projets de révolte.

Il ne trouva que Vespasien qui lui parut capable de soutenir le poids d'une si grande entreprise. Cet homme avait vieilli dans la vie des camps : l'empire devait à sa valeur la paix dont jouissait l'occident, un moment ébranlé par le soulèvement des Allemands; et l'empereur Claude devait à ses travaux la gloire d'avoir triomphé de la résistance de la Grande-Bretagne, jusqu'alors indomptée. En considération de ses glorieux antécédents, et aussi parce que ce grand capitaine avait des enfants qui étaient des otages de sa fidélité, outre que peut-être Dieu permettait qu'il en arrivât ainsi pour le bien de l'empire, Néron résolut de donner à Vespasien le commandement de ses armées de Syrie : et tel était le besoin qu'il sentait qu'il avait de lui, qu'il n'y eut point de caresses et de témoignages d'affections et d'estime dont il n'accompagna ce choix, afin de l'engager davantage à s'efforcer de réussir dans une affaire aussi importante.

Vespasien était alors près de ce prince, en Achaïe; aussitôt qu'il eut été chargé de cette mission, il envoya son fils Titus à Alexandrie, pour y prendre la huitième et la dixième légion ; quant à lui, il traversa l'Hellespont et se rendit par terre en Syrie ; il assembla toutes les forces romaines et les troupes des rois alliés et des nations voisines de cette province.

Cependant leurs victoires sur Cestius avaient inspiré aux Juifs un orgueil excessif, qui les poussa à une entreprise funeste. Ils levèrent une armée, et marchèrent contre Ascalon, ville située à environ trois journées de Jérusalem, et où les Romains n'entretenaient alors qu'une faible garnison, composée d'une cohorte d'infanterie et de quelque cavalerie, sous le commandement d'un officier nommé Antoine. Celui-ci eut avis de leur marche, quelque diligence qu'ils eussent faite, et soutint courageusement le premier choc. Bien que les Juifs surpassassent de beaucoup les Romoins en nombre, ils avaient le désavantage d'avoir affaire à des ennemis aussi savants dans la science des combats qu'eux-mêmes y étaient ignorants, aussi bien armés qu'ils l'étaient mal, aussi bien disciplinés qu'ils l'étaient peu, et qui, au lieu de n'agir, comme eux, que par impétuosité et par colère, obéissaient parfaitement à leurs chefs, et combinaient tous leurs mouvements avec un art merveilleux, de manière à multiplier à l'infini leur puissance, à se rendre présents partout et à frapper de toutes parts et à l'improviste des masses sans ordre, sans discipline, et qui n'avaient d'autre guide qu'une aveugle fureur. Antoine en vint ainsi aisément à bout : ses soldats dispersèrent les Juifs, les poursuivirent l'épée dans les reins, les foulèrent aux pieds de leurs chevaux et jonchèrent la plaine de leurs cadavres. Cette première journée avait coûté dix mille hommes aux vaincus ; les suivantes ne furent guère plus heureuses. Ils revinrent en effet à la charge contre Ascalon ; mais Antoine leur dressa des embûches dans les montagnes, les fit environner de tous côtés par sa cavalerie, et, avant qu'ils n'eussent eu le temps de se mettre en bataille, il y en avait encore huit mille de tués.

Sur ces entrefaites, Vespasien arriva en Syrie : les habitants de Séphoris, ville du gouvernement de Josèphe, lui envoyèrent une députation pour lui faire savoir qu'ils désiraient se soumettre aux Romains et recevoir une garnison de leurs troupes. Vespasien acquiesça à leur désir avec d'autant plus d'empressement que cette ville était très-forte et presque imprenable. Il y plaça une garnison de six mille hommes de pied et de mille chevaux, qui se mirent à ravager les campagnes de la Galilée, et à y mettre tout à feu et à sang. Ce fut en vain que Josèphe essaya de reprendre cette place, pour mettre un terme à ces désordres ; il l'avait si bien fortifiée avant de la perdre, qu'il échoua dans toutes ses tentatives contre elle et qu'il ne fit qu'en irriter davantage la garnison contre ceux de son parti.

Selon l'ordre qu'il en avait reçu de son père, Titus s'était mis à la tête de trois légions qu'il avait trouvées à Alexandrie, et les avait dirigées vers Ptolémaïs, où campait le reste de l'armée romaine. Celle-ci, fortifiée par les troupes fournies par les provinces et les rois tributaires de l'Orient, s'élevait à environ soixante mille hommes.

L'armée qui, sous la conduite de Vespasien, devait envahir la Palestine, se mit en marche vers la Galilée, en observant dans son ordre de marche les habitudes des Romains. Les troupes auxiliaires, légèrement armées, s'avançaient les premières, pour soutenir les escarmouches des ennemis, et reconnaître les bois et les lieux propres aux embuscades. Après elles, venaient des détachements d'infanterie et de cavalerie, les compagnies d'ouvriers et de pionniers, qui avaient pour fonction d'aplanir les chemins et de

couper les arbres et les broussailles qui pouvaient retarder la marche. Ils étaient suivis du convoi des bagages et des troupes qui
l'escortaient. On voyait ensuite le général en chef, entouré de
soldats d'élite, puis les machines de guerre, l'état-major des légions,
et enfin l'aigle impérial, cette illustre enseigne des Romains, qui la
font briller à la tête de leurs armées, pour faire connaître que, de
même que l'aigle règne dans l'air sur les oiseaux, il règne sur les
hommes par toute la terre, et pour que, en quelque lieu qu'ils
portent la guerre, elle leur serve de présage, et leur promette la
victoire. Les autres enseignes étaient à l'entour de cet aigle. Enfin
venaient, précédés par les trompettes, les légions marchant dans
un ordre parfait, et sur six hommes de front. Les vivandiers, les
valets de l'armée et les autres gens de service occupaient l'espace
qui s'étendait entre le corps de bataille et l'arrière-garde.

L'arrivée inopinée et la vue de l'armée romaine remplirent d'une
telle crainte les Juifs de la Galilée, que Josèphe, qui commandait
dans cette contrée, se voyant abandonné de presque tous ses
soldats, crut n'avoir plus d'autre ressource que de se retirer à
Tibériade.

Après quelques courses et quelques ravages dans le pays, Vespasien se décida à attaquer Jotapat, qui passait pour la plus forte
place de la Galilée, et où d'ailleurs un fort grand nombre de Juifs
s'étaient retirés. Josèphe eut hâte de s'y jeter aussi dès qu'il connut
la résolution du général romain; ce qui confirma ce dernier dans
sa résolution, parce qu'il savait que Josèphe jouissait d'un grand
crédit près des Juifs, et qu'il espérait que, s'il parvenait à le prendre avec la place où il s'était enfermé, cette capture exercerait une
heureuse influence sur l'issue de la guerre. Il bloqua aussitôt la
ville par un corps de troupes, et en faisant approcher son armée,
il la déploya toute entière à la vue des assiégés, dans l'espoir de
les frapper de terreur et de découragement : ce qui ne lui réussit
point; car les Juifs, loin de se laisser abattre par la pensée qu'il ne
leur restait plus aucune chance de salut, y puisèrent un sombre
désespoir, et la résolution de vendre chèrement la victoire des
Romains.

Les assiégeants cherchèrent d'abord à prendre la place d'assaut : pendant cinq jours consécutifs ils l'attaquèrent avec vigueur, mais sans succès, et non sans des pertes considérables.

La ville de Jotapat est bâtie sur un roc escarpé et environné de trois côtés de vallées profondes; les assiégeants avaient donc à lutter à la fois contre la nature, qui avait rendu cette place si forte, et contre la valeur des Juifs qui la défendaient : ils résolurent néanmoins de ne rien négliger pour triompher de l'une et de l'autre. Il fut décidé, dans un conseil des principaux officiers de son armée qu'assembla Vespasien, que l'on élèverait une terrasse du côté où la ville était le plus accessible. Les montagnes voisines fournirent du bois et des pierres; quant à la terre, on la prenait aux lieux les plus proches, et les soldats, formant la chaîne, se la passaient de main en main. Des claies d'osier couvraient les travailleurs les plus exposés aux traits lancés du haut de la muraille, mais ne pouvaient cependant les préserver des pierres énormes que les Juifs lançaient avec des machines, ce qui retardait parfois l'ouvrage de la terrasse.

Vespasien, pour protéger ses travailleurs, mit en batterie cent soixante machines, qui firent tomber sur la muraille une grêle de projectiles de toutes sortes : mais rien n'étonnait les Juifs : ils firent des sorties, arrachèrent ce qui couvrait les travailleurs, les chassèrent et détruisirent leurs ouvrages par le fer et le feu. Tous ces efforts ne purent empêcher la terrasse de s'élever à la hauteur des murs de la ville. Mais Josèphe, pensant qu'il y aurait de la honte pour lui à ne pas entreprendre, pour défendre la place, des travaux aussi grands que ceux que les Romains faisaient pour l'attaquer, résolut d'exhausser la muraille. Pour couvrir les hommes qu'il employa à ce travail, et les préserver des traits que lançaient continuellement les assiégeants, il fit dresser de grosses poutres auxquelles on attacha des peaux de bœufs fraîchement tués. Ces peaux, par leurs plis, arrêtaient les flèches et amortissaient la force des pierres lancées par les machines, en même temps que leur humidité éteignait les projectiles enflammés. Grâce à cet abri, les Juifs purent travailler en sûreté à leur muraille, et Vespasien ne fut pas moins irrité que surpris, lorsque, au moment où il croyait que la place allait tomber en son pouvoir, il découvrit que les Juifs avaient construit, derrière le premier mur, un second mur plus haut de vingt coudées que le premier, et flanqué de tours aux lieux où il rejoignait le premier mur.

N'espérant plus, dès-lors, réduire la place par la force, il résolut d'essayer de la réduire par la famine; il pensait aussi que si les assiégés ne succombaient pas promptement à la faim, elle les affaiblirait au moins assez pour qu'il fût facile de les forcer, en recommençant à les attaquer. Les assiégés avaient des vivres en abondance, mais ils manquaient d'eau, et n'avaient que celle qui tombait du ciel : or, le siége se faisait en été, saison où il pleut rarement dans ces contrées. Josèphe fit alors mesurer l'eau aux habitants. Les Romains ne purent l'ignorer, parce qu'ils voyaient, du haut d'une colline qui dominait la ville, les habitants s'assembler au lieu où on leur distribuait de l'eau par portion, et qu'ils en tuaient même plusieurs, de là, à coups de flèches. Ils espéraient donc que les Juifs allaient se rendre sous peu de jours; mais Josèphe, pour leur faire changer d'avis, fit pendre aux créneaux des murs une grande quantité d'habits tout dégouttants d'eau, ce qui fit penser aux Romains que les Juifs avaient de l'eau en abondance, puisqu'ils la prodiguaient ainsi. Ne se flattant plus dès-lors de prendre la place par famine, ils en revinrent à la voie de la force : c'était ce que désiraient les assiégés, qui, voyant d'ailleurs leur perte assurée, préféraient une mort violente aux angoisses de la soif et à une lente et cruelle agonie.

Dans cette extrémité, Josèphe conçut le projet de quitter la ville, de rassembler une armée dans le pays, d'attaquer les Romains et de tenter de les forcer à lever le siége. Mais, dès que les habitants en eurent vent, ils s'y opposèrent par leurs prières et leurs supplications. Il céda à leurs désirs, et, demeurant au milieu d'eux, les conduisit plusieurs jours de suite contre les Romains, dans de furieuses sorties où ils cherchaient tous une mort glorieuse.

Quand la terrasse fut parvenue au pied de la muraille, Vespasien fit approcher la bélier et ordonna qu'on s'en servît. Cette machine consiste en une poutre énorme, dont l'extrémité est garnie d'une tête de fer : son nom lui est venu, soit de cette tête à laquelle on donnait ordinairement la forme d'une tête de fer, soit parce qu'elle heurte les murailles comme le bélier heurte de la tête les obstacles qu'il rencontre. Quand cette poutre, suspendue à un échaffaudage à l'aide de gros câbles, était mise en mouvement par un grand nombre d'hommes, et qu'elle s'abaissait et venait frapper de sa tête de feu le mur qu'on voulait battre, telle était la force avec laquelle elle heurtait, que, quelque solide qu'il fût, il ne laissait pas que d'en être ébranlé, et ne pouvait résister long-temps à la violence de ces chocs.

Tel fut aussi l'effet qu'elle produisit sur le mur de Jotapat : dès les premiers coups, il s'ébranla, et les habitants poussèrent un grand cri, comme si la ville eût déjà été prise. Mais Josèphe fit aussitôt descendre avec des cordes des sacs remplis de paille, qui s'interposaient entre la muraille et le bélier, et amortissaient les coups de celui-ci. Les Romains, pour remédier à cet inconvénient, coupèrent les cordes des sacs avec des faux attachées à de longues perches. Le belier produisit alors de nouveau son effet, et le mur qu'il battait, et qui était de construction toute récente, céda et menaça de s'écrouler.

Cependant les Juifs faisaient des prodiges de valeur pour le défendre : l'un d'eux, nommé Saméas, ayant fait tomber une grosse pierre sur la tête du bélier, la détacha de l'arbre, et sautant du haut du mur à terre, releva cette tête, la traîna jusqu'au pied du mur au milieu d'une grêle de flèches dont plusieurs le percèrent, remonta avec elle sur la brèche, et y demeura à la vue de tout le monde, jusqu'à ce que la douleur de ses blessures le fit tomber, tenant toujours embrassée cette tête de bélier qu'il ne voulait pas quitter.

D'autres, rassemblant une grande quantité de matières inflammables, y mirent le feu et les jetèrent sur les machines des Romains : ceux-ci eurent la douleur de voir se consumer en quelques heures, sans pouvoir l'empêcher, ce qui leur avait coûté beaucoup de temps et des peines infinies.

Mais, loin de se décourager, ils se remirent à l'œuvre, et d'autres machines se dressèrent bientôt contre la ville. Le soir du jour où ils approchèrent un nouveau bélier de la muraille, Vespasien fut blessé au pied d'une flèche tirée de la ville. Quelque légère que fût cette blessure, elle irrita singulièrement les Romains : ils redoublèrent d'ardeur dans leurs attaques, et donnèrent un furieux assaut à la place. Leurs machines faisaient des ravages horribles dans les rangs des assiégés : une pierre emporta à trois stades la tête d'un homme qui combattait aux côtés de Josèphe ; une autre traversa de part en part le corps d'une femme, et lança au loin un enfant qu'elle portait. Une grêle de pierres et de dards traversait incessamment l'air en sifflant avec un bruit terrible, auquel se joignaient les gémissements des blessés, et les cris des femmes et des enfants. L'assaut se prolongea jusqu'avant dans la nuit, et rien n'y manqua de ce qui peut frapper les yeux et les oreilles de la plus étrange horreur que l'on puisse imaginer. Au point du jour le mur céda à l'action du bélier, et s'écroula.

Vespasien fit mettre pied à terre à l'élite de sa cavalerie, et, après que ses soldats eurent pris un peu de repos, il disposa tous ses frondeurs, ses archers et ses machines, pour qu'ils tirassent en même temps, et fit donner l'assaut par trois endroits simultanément. Des ponts, appuyés d'un côté sur les terrasses, s'abattirent de l'autre sur la brèche, et ouvrirent aux assiégeants des passages par où ils se précipitèrent, en poussant de grands cris. Rien ne put résister à leur choc, et les Juifs, succombant sous la fatigue et sous le nombre, cédaient le terrain : déjà les premiers rangs des Romains mettaient le pied sur la brèche, quand, par l'ordre de Josèphe, des chaudières d'huile bouillante, disposées sur les parties de la muraille qui étaient encore debout et qui des deux côtés dominaient la brèche, répandirent sur les assaillants un déluge de feu. On les vit tomber et se rouler à terre avec des cris horribles. Mais tout aussitôt de nouveaux flots de combattants leur succédaient, brûlant du désir de les venger. Alors Josèphe fit semer sur les ponts des grains de sénevé cuits, ce qui les rendit si glissants, que les Romains, ne pouvant plus se tenir debout, tombaient les uns sur les autres et se foulaient aux pieds, tandis que les Juifs les perçaient impunément de traits. Ce que voyant, Vespasien fit sonner la retraite.

C'est par ces prodiges d'héroïsme et d'opiniâtreté que la garnison de Jotapat put, contre toute apparence, résister durant quarante-sept jours. Le quarante-huitième, un transfuge vint vers Vespasien, et lui dit : « Que tant de veilles et de combats avaient réduit les Juifs à un fort petit nombre ; que ceux qui survivaient n'étaient plus en état de soutenir un grand effort, surtout si l'on savait choisir l'instant propice ; qu'il n'y avait pour cela qu'à les attaquer au point du jour, parce que c'était l'heure où ceux qui le pouvaient prenaient quelque repos après tant de fatigues, et que ceux mêmes qui étaient de garde ne pouvaient résister au sommeil. »

Vespasien hésitait à se fier au témoignage de cet homme : en effet, quelques jours auparavant, un des assiégés qu'on avait pris avait souffert toutes les tortures et même le feu plutôt que de donner quelques renseignements sur la position des assiégés : on le crucifia, et, du haut de sa croix, il continua à se moquer, et de ses bourreaux, et de ce que la mort a de plus terrible. Cependant, comme il n'y avait pas grand danger à suivre l'avis du transfuge, Vespasien se décida à le faire.

A l'heure indiquée, Titus, suivi de quelques troupes d'élite, s'avança sur la brèche : ils tuèrent les soldats de garde, se logèrent sur la muraille, et, de là, pénétrèrent dans la ville. Mais tel était l'accablement des habitants, que, quoiqu'il fît grand jour, ils furent quelque temps à s'apercevoir de leur malheur. Les premiers jours du sac, les Romains ne pardonnèrent à personne : tout fut passé au fil de l'épée ; quand ils furent las de tuer, ils épargnèrent les femmes et les enfants, au nombre de douze cents. Quarante mille personnes avaient péri dans ce siége.

Josèphe s'était sauvé dans une caverne, où il trouva quarante de ses soldats. C'était un puits fort profond qui communiquait avec un souterrain très-spacieux, mais qu'on ne pouvait apercevoir d'en haut. Il y demeurait tout le jour et n'en sortait que la nuit, pour observer les gardes des ennemis, et voir s'il n'y aurait pas quelque moyen de s'échapper. Deux jours se passèrent ainsi, le troisième il fut découvert. Vespasien lui envoya deux messages l'un après l'autre, pour l'engager à se rendre, et en lui promettant de bien le traiter : il résista d'abord, puis se souvint des songes qu'il avait eus, dans lesquels Dieu lui avait fait connaître les malheurs qui arriveraient aux Juifs, et les heureux succès qu'il réservait aux Romains ; il n'ignorait pas d'ailleurs, en sa qualité de sacrificateur, les prophéties rapportées dans les livres saints. Il promit donc de se rendre ; mais ceux qui étaient avec lui se mirent aussitôt à lui reprocher ce qu'ils appelaient sa trahison, et le menacèrent de le tuer s'il se rendait aux Romains. Ils avaient formé le dessein de se tuer et voulaient contraindre Josèphe à les imiter. Il leur tint alors un discours pour les en détourner ; et, après avoir insisté sur les chances qu'ils avaient d'être épargnés par les Romains, puisque ceux-ci le leur promettaient, il leur rappela que c'était une folie et un crime de se faire le meurtrier de soi-même :

«Ne dites pas que c'est une action de courage de se tuer soi-même : c'en est une de lâcheté ; c'est imiter le pilote timide qui, dans la crainte de la tempête, submergerait son vaisseau pour éviter de faire naufrage. C'est aller contre l'instinct le plus profond de notre nature ; c'est, par un acte d'une horrible impiété, offenser Dieu, qui, en nous créant, nous a donné un tout autre devoir à remplir. Pouvons-nous croire que Dieu puisse souffrir, sans s'en offenser, que nous méprisions le don qu'il nous a fait de la vie ? Ce n'est certes pas à nous qu'il appartient de décider que nous devons être autrement qu'il n'a plu à Dieu que nous ne fussions. Nos corps sont, à la vérité, mortels, mais nos âmes sont immortelles : la vie en ce monde est un dépôt qui leur a été confié, et dont elles auront à rendre compte quand celle-là sera terminée. Elles ne pourront donc échapper à Dieu ; et, parce qu'elles auront cessé d'être en ce monde, elles n'en seront pas moins en la puissance de Dieu. Vouloir nous tuer, c'est vouloir échapper au sort auquel Dieu nous a appelés : c'est mériter le châtiment de l'esclavage fugitif. Vous n'ignorez pas qu'il précipite dans les douleurs et dans les ténèbres de l'enfer ceux qui ont porté sur eux une main homicide, et qu'il punit sur les enfants le crime du père. C'est pourquoi il a ordonné, par la bouche de Moïse, que les corps de ceux qui se seraient tués eux-mêmes demeureraient sans sépulture, jusqu'à ce que le soleil fût couché, quoiqu'il soit permis d'ensevelir auparavant ceux qui sont morts de mort violente. Quelques peuples, même d'entre ceux qui ne participent pas, comme nous, à la faveur d'avoir reçu leur loi de Dieu, considèrent comme infâmes les suicides, et leur coupent les mains, les séparent du corps, comme elles en ont séparé la vie. Il est vrai que nous sommes excessivement malheureux : mais c'est le sort commun de tous les hommes d'être exposés à souffrir. Si cependant vous vous obstinez à vouloir mourir, mourons de la main de nos ennemis, en combattant généreusement, et non en portant contre nous-mêmes une main impie. »

Josèphe chercha ainsi à détourner ses amis de la funeste résolution qu'ils avaient prise ; mais, au lieu de s'adoucir, et sourds à sa voix, ils vinrent à lui l'épée à la main ; en lui reprochant sa lâcheté, et voulurent le tuer. Ce fut en vain qu'il appela les uns par leur nom, qu'il chercha à en rappeler d'autres au respect qu'ils devaient à celui qui avait été leur chef, il les prenait par le bras, par la main, les priait, et s'efforçait d'éviter les coups qu'ils dirigeaient contre sa poitrine ; de même qu'une bête sauvage, environnée de chasseurs, tourne la tête vers celui qui paraît le plus près de la frapper. Cependant, au milieu d'un si pressant danger, sa présence d'esprit ne l'abandonna pas.

« Puisque vous êtes si résolus de mourir, leur dit-il à la fin, jetons le sort pour voir quel sera celui qui devra être tué le premier par celui qui le suivra ; et nous continuerons d'en user de la sorte, afin que nul ne se tue de sa propre main, mais reçoive la mort de la main d'un autre. »

Cette proposition fut accueillie avec joie par tous : le sort fut jeté, et, au fur et à mesure qu'on le consultait, celui sur lequel il tombait tendait la gorge à celui qui devait le tuer, et cela continua jusqu'à ce qu'il ne restât plus que Josèphe et un autre, soit que cela arrivât par hasard, ou par une volonté particulière de Dieu. Alors Josèphe, ne voulant ni se faire tuer ni s'exposer à tuer un de ses amis, cessa de consulter le sort, et persuada à son compagnon de vivre, en lui promettant de le sauver.

Délivré de cet extrême péril, Josèphe s'empressa de se rendre à Nicanor, qui le mena vers Vespasien. Les soldats romains accoururent et se pressèrent en foule autour de la tente du général pour voir le prisonnier, les uns demandant qu'on le mît à mort, d'autres témoignant leur joie de ce qu'il avait été pris, d'autres enfin, se souvenant de ses grandes actions, admiraient les changements de la fortune. Mais les chefs, et à leur tête Titus, se sentaient pris de respect pour tant d'infortune jointe à tant de courage, et inclinaient vers l'indulgence. Vespasien ordonna qu'on le gardât soigneusement, et annonça que son intention était de l'envoyer à Néron ; mais Josèphe, ayant témoigné le désir de pouvoir l'entretenir devant un petit nombre de témoins sûrs et discrets, et cette faveur lui ayant été aussi accordée, il tint ce discours au général romain :

« Seigneur, je viens, par l'ordre de Dieu, vous donner avis d'une chose on ne peut plus importante : si je ne m'étais souvenu que j'étais chargé d'une grave mission près de vous, je savais trop de quelle manière sont traités par les Romains ceux qui ont l'honneur de commander aux Juifs, pour être tombé vivant entre vos mains. Vous avez le projet de m'envoyer à l'empereur Néron. Pourquoi, puisque lui et ceux qui sont appelés à lui succéder ont si peu de temps à vivre. C'est vous seul et votre fils Titus que je dois regarder comme empereurs, parce que tous deux vous monterez sur le trône successivement. Faites-moi donc garder, non comme le prisonnier d'un autre, mais comme le vôtre, seigneur. »

Vespasien eut d'abord quelque peine à croire que Josèphe ne parlait pas ainsi dans le but de l'intéresser à sa vie et de se faire bien accueillir ; mais, le trouvant véridique dans tout ce qu'il lui dit d'ailleurs, il se sentit peu à peu mieux disposé à son égard, d'autant plus que la Providence, qui le destinait à l'empire, le lui faisait connaître par d'autres marques encore. Du reste, pour mettre à l'épreuve ce don de prédiction de son prisonnier, un des amis du futur empereur lui demanda comment il se faisait que, si ses prédictions n'étaient pas de vains songes, il n'eût pas prévu que

Jotapat serait pris par les Romains. Josèphe lui répondit qu'en effet, dès le commencement du siége, il avait annoncé à ses amis que leur résistance durerait quarante-sept-jours, et que le quarante-huitième, lui-même tomberait vivant entre les mains des Romains. Le général fit aussitôt prendre des informatious à ce sujet près des autres prisonniers, et il se trouva que Josèphe avait dit vrai.

Les Romains prirent ensuite leurs quartiers d'hiver, après s'être d'abord emparé de Joppé et l'avoir rasé : les habitants de cette malheureuse ville s'étaient réfugiés sur leurs vaisseaux, mais une horrible tempête les surprit, et ils périrent sans exception.

On n'eut d'abord à Jérusalem qu'un bruit vague du désastre de Jotapat : pas un habitant n'ayant échappé aux coups ou aux fers des Romains, on ne pouvait avoir de détails précis sur ce qui s'était passé au siége de cette place. Plus tard on répandit la nouvelle que Josèphe avait péri, et l'on en conçut une douleur si vive, que ce fut un deuil public, et qu'il n'y eut pas une famille à Jérusalem qui n'en témoignât une profonde affliction. Mais ce sentiment se changea en haine et en malédictions, quand on eut appris qu'il était retenu en vie et bien traité par les Romains.

CHAPITRE III.

Le roi Agrippa se joignit ensuite, avec toutes ses forces, à l'armée de Vespasien, et l'assista dans différents siéges qu'il fit, et, entre autres, au siége de Gamala, où, s'étant avancé jusqu'au pied de la muraille, pour exhorter ses corréligionnaires à se rendre aux Romains, il reçut un coup de pierre qui le blessa au bras. Cette place tomba au pouvoir de l'ennemi par une singulière circonstance : il y avait déjà vingt-deux jours qu'elle était assiégée, lorsque, un matin, quelques soldats de la cinquième légion se glissèrent au pied d'une haute tour, et en arrachèrent plusieurs grosses pierres. Ils s'étaient à peine retirés, que la tour tomba avec un grand bruit, et ensevelit sous ses ruines ceux qui étaient chargés de la garder. Cet événement inattendu, et que les Juifs ne pouvaient s'expliquer, parce qu'ils en ignoraient la cause, jeta parmi eux une terreur panique, à la faveur de laquelle les Romains se rendirent maîtres de la ville : tout ce qui tomba en leur pouvoir fut égorgé; le reste se précipita du haut des rochers sur lesquels la ville est bâtie : cinq mille personnes, hommes, femmes et enfants, périrent brisés dans ces chutes, tandis que quatre mille seulement avaient péri par le fer.

Il ne restait plus alors, de toutes les places de la Galilée, que Giscala qui résistât encore. Jean, fils de Lévi, ancien chef de brigands, y commandait. Il eût bien souhaité pouvoir résister aux Romains; mais les habitants et les factieux eux-mêmes , désespérant de pouvoir le faire avec succès , il se hâta de l'abandonner en emmenant avec lui la garnison et ses principaux habitants : ceux qui demeurèrent s'empressèrent d'aller au devant de Titus, et de lui remettre les clés de la place.

. Jean de Giscala se rendit à Jérusalem : en y arrivant , il dit au peuple qui s'était assemblé autour de lui et des siens, pour lui demander des nouvelles de ce qui se passait dans la Galilée, qu'il venait volontairement se joindre à eux, pour les aider à défendre Jérusalem. Mais il ne put si bien colorer sa retraite d'un prétexte honnête , que plusieurs ne reconnussent que c'était une véritable fuite : le rapport des prisonniers les instruisit d'ailleurs de la réalité, et le peuple consterné entrevit dans la ruine de Giscala et de tant d'autres places fortes, celle de Jérusalem.

Du reste, presque toutes les villes de la Judée étaient divisées entre deux ou plusieurs factions, qui, dès que les Romains leur laissaient quelque loisir, prenaient les armes contre elles-mêmes, en se battaient pour savoir s'il fallait faire la guerre, ou la paix. Ces divisions prenaient ordinairement racine entre les familles qui étaient depuis long-temps hostiles , et qui recrutaient des partisans l'une contre l'autre, jusqu'à ce qu'elles fussent assez fortes pour pouvoir aspirer à la domination, après avoir écrasé leurs rivales. Il en résultait que les Juifs ne se faisaient pas moins de mal qu'ils n'en recevaient des Romains.

Il se forma une association entre un certain nombre de chefs de brigands qui ravageaient les campagnes de la Judée : ils pénétrèrent dans Jérusalem à la tête de leurs troupes, grâce à la coutume des Juifs, selon laquelle cette ville devait être sans cesse ouverte à tous ceux de leur nation. Ces misérables abusèrent étrangement de leur force : bientôt il n'y eut plus de sûreté pour personne dans l'enceinte de cette malheureuse cité ; les hommes les plus considérables par leur naissance furent dépouillés de leur bien , jetés en prison et enfin égorgés; mais ce n'était pas assez pour ces sicaires de faire peser sur leurs concitoyens les effets de leur méchanceté :

Histoire de Jérusalem.   2 ils osèrent disposer des choses saintes, et leur horrible impiété alla jusqu'à outrager Dieu, en pénétrant dans le sanctuaire avec des mains souillées et des âmes criminelles. Alors le peuple, à la voix du grand sacrificateur Ananus, s'émut contre eux et les poursuivit : les zélateurs, tel était le nom que ces impies se donnaient, s'enfuirent dans le temple, en firent leur citadelle et le repaire de leur tyrannie. Ils imaginèrent de se servir de la voix du sort pour choisir le grand sacrificateur, et le sort tomba sur Phanias, qui était, à la vérité, de la tribu consacrée à Dieu, mais d'une telle incapacité qu'il ne savait pas même ce que c'était que le sacerdoce. Ils l'enlevèrent de force à ses travaux champêtres, le revêtirent de l'habit sacerdotal, et l'instruisirent de ce qu'il avait à faire.

Les véritables sacrificateurs et le peuple regardaient de loin ce triste spectacle, et de quelle sorte on foulait aux pieds les choses les plus saintes : leurs yeux étaient remplis de larmes, et leurs cœur étaient émus, d'une indignation qui éclata enfin. Ananus leur adressa quelques paroles pour les engager à prendre les armes et à chatier ces misérables, il fut interrompu par le peuple qui demandait à grands cris qu'on le menât au combat. On en vint donc aux mains : les zélateurs, qui obéissaient à des chefs et qui avaient une certaine discipline, eurent d'abord l'avantage ; mais le peuple, dont le nombre croissait, et dont l'indignation était à son comble, parce qu'il voyait qu'ils portaient les blessés dans le temple, ce que la loi interdisait, fit un suprême effort qui lui donna la victoire. Les zélateurs lâchèrent pied, et Ananus les poursuivit si vivement, qu'il les contraignit d'abandonner la première enceinte du temple, et de se réfugier dans la seconde, dont ils fermèrent les portes. Le respect du grand sacrificateur pour ces portes saintes l'empêcha d'entreprendre de les forcer ; et, bien que les zélateurs lançassent des traits du haut des murailles, il ne crut pas pouvoir permettre que le peuple entrât dans le temple avant de s'être purifié. Il se contenta donc de choisir un corps de six mille hommes d'élite, qui devaient garder les portiques, pour être ensuite relevés par six milles autres.

Le lendemain, Ananus ordonna au peuple de se purifier, et de se préparer à donner l'assaut aux portes saintes, pour en chasser les zélateurs. Mais ceux-ci étaient avertis de tout ce qui se passait dans le parti contraire, par Jean de Giscala, qui flattait le peuple, et le trahissait. Il pénétra en secret dans le temple, et fit croire aux zélateurs qu'Ananus et ceux de son parti avaient envoyé une députation vers Vespasien, pour qu'il vînt occuper la ville et les aidât à s'emparer du temple. Cette nouvelle jeta l'alarme parmi les factieux, et, d'après les insinuations de Jean de Giscala, ils appelèrent à leur secours les Iduméens, tribus avides, belliqueuses et âpres au gain, qui habitaient entre la Palestine et l'Arabie. Ceux-ci eurent bientôt vingt-mille hommes sur pied : mais quand ils parurent aux portes de Jérusalem, Ananus leur en fit refuser l'accès, et l'un des sacrificateurs leur adressa un discours du haut d'une tour, pour les détromper au sujet de la prétendue trahison que les zélateurs imputaient au peuple, et les prévenir qu'on ne les recevrait dans les murs de la ville qu'après qu'ils auraient déposé les armes. Les Iduméens leur répondirent par un discours plein de menaces; mais ils eussent certainement été contraints de s'en retourner honteusement, si, la nuit suivante, à la faveur d'un très-grand orage, les zélateurs n'étaient pas parvenus à leur ouvrir une des portes de la ville, et à les y introduire. Ils tuèrent d'abord les gardes des portes du temple, mais les habitants et le reste des hommes armés, éveillés par les cris de ceux qu'on égorgeait, prirent les armes, croyant d'abord n'avoir affaire qu'aux zélateurs; ils combattirent avec courage ; mais lorsqu'ils virent que les Iduméens étaient entrés dans la ville, saisis de frayeur, ils jetèrent leurs armes, et s'enfuirent. Quelques jeunes gens, en petit nombre, eurent seul le courage de résister, mais on n'osait les secourir, et l'on se contentait de faire retentir l'air de gémissements et de vaines lamentations. A ce bruit se joignait celui des cris de victoire et de mort des Iduméens et des zélateurs, les roulements de la foudre et le sifflement de la tempête. Les Iduméens ne firent grâce à personne; et quand le jour parut, on vit près de neuf mille cadavres étendus sur la place. Tous ces meurtres ne purent rassasier la soif de sang et de vengeance des

Iduméens : ils continuèrent d'en faire sentir les effets dans la ville, pillant et tuant tout ce qui tombait sous leurs mains. Ananus fut une de leurs premières victimes, la mort même ne put assouvir leur colère contre ce grand pontife : ils foulèrent aux pieds son corps et lui refusèrent la sépulcre, malgré le respect avec lequel les Juifs s'acquittent de ce devoir, puisqu'ils détachent de la croix ceux qu'ils ont condamnés à ce supplice, et les ensevelissent avant le coucher du soleil. La mort d'Ananus peut être considérée comme le commencement de la ruine de Jérusalem. Dieu, qui voulait purifier par le feu le théâtre de tant de crimes, le priva du secours des hommes qui seuls, par leur prudence, leur courage ou leur amour du bien public, auraient pu en prévenir la ruine. On vit donc le corps de ce pieux et noble pontife exposé nu sur le pavé, et livré en proie aux chiens et aux oiseaux. La vertu d'un homme fut-elle jamais plus insolemment outragée ; et qui pourrait, sans verser des larmes, voir le vice triompher ainsi d'elle ?

Ils firent subir le même traitement au sacrificateur qui les avait harangués du haut d'une tour, et n'épargnèrent pas même le menu peuple, dont ils firent, en différentes circonstances, une horrible boucherie. Quant aux personnes de qualité, ils les mettaient en prison le jour, et ils les faisaient mourir, pendant la nuit, dans de cruelles tortures ; puis ils jetaient leurs corps dans la rue, pour vider les prisons et faire place à de nouvelles victimes. La consternation régnait dans la ville : les plus fortes âmes étaient en proie à un sombre désespoir, et c'était à peine si les parents ou les amis les plus dévoués osaient, la nuit, jeter furtivement un peu de terre sur les corps de ceux qu'ils avaient aimés et qu'il leur était même défendu de pleurer ; sous peine de mort.

Les Iduméens se lassèrent bientôt de cette vie de meurtre et de crimes de toutes sortes : ils se repentaient même d'être venus, d'autant plus qu'ils savaient maintenant qu'on les avait trompés en leur faisant croire que le parti d'Ananus voulait livrer la ville aux Romains. Ils eurent alors horreur et des actions des zélateurs, et de l'aide qu'ils avaient eu la coupable faiblesse de leur prêter. Ils se retirèrent donc, après avoir préalablement remis en liberté deux mille habitants qui gémissaient dans les prisons.

Le départ des Iduméens surprit mais n'affligea pas les zélateurs : ils ne les considéraient plus que comme des témoins incommodes de leurs crimes, et dès lors ils ne mirent plus aucune espèce de frein à leur tyrannie, ni de mesure dans leurs massacres publiques.

Les officiers de l'armée de Vespasien, non plus que lui, n'ignoraient pas l'affreuse situation de Jérusalem, et ils pressaient leur général d'en profiter, et d'attaquer cette place. Mais il pensait différemment, et leur répondit qu'une attaque directe des Romains ferait cesser toutes les divisions des Juifs, qu'il n'y aurait plus d'autre sentiment chez eux que la haine du joug étranger, et qu'il valait mieux les laisser se consumer dans des dissensions intestines.

Celles-ci devenaient de jour en jour plus ardentes et plus insupportables pour les hommes paisibles : un grand nombre de Juifs se rendaient au camp de Vespasien, et venaient y chercher asile et protection contre leurs concitoyens. Ce n'était d'ailleurs qu'avec des peines et au travers de périls infinis qu'ils parvenaient à échapper à la vigilance de ceux qui gardaient les portes et qui tuaient impitoyablement tous ceux qu'ils soupçonnaient avoir le dessein de se rendre près des Romains. Les chemins autour de Jérusalem étaient couverts de monceaux de cadavres, qui servaient de pâture aux bêtes sauvages : l'horreur qu'inspirait un tel spectacle à ceux qui essayaient de se sauver, faisait que beaucoup d'entre eux préféraient demeurer dans la ville, où au moins ils jouiraient des honneurs de la sépulture, plutôt que de s'exposer à une telle mort.

Mais ils se trompaient même dans cette dernière espérance; car les zélateurs défendirent bientôt, sous peine de mort, de donner la sépulture à qui que ce fût; et il suffit dès-lors, pour avoir besoin de sépulture, de l'avoir donnée à un autre. Toute compassion était éteinte dans le cœur de ces hommes féroces, et leur cruauté passait des vivants aux morts, pour retourner des morts aux vivants. Animés par les démons, ils ne se contentaient pas de fouler aux pieds tout ce qui est digne de respect parmi les hommes; ils se moquaient de Dieu même, et traitaient de folies et de songes, les prophéties. Mais la suite fit voir qu'elles n'étaient que trop véridiques. Ces scélérats furent les exécuteurs de ce que chacun savait avoir été dit plusieurs années auparavant, qu'à la suite de guerres civiles, Jérusalem serait prise, et que, après que ceux-là même qui faisaient le plus profession d'honorer le temple de Dieu, l'auraient profané par leurs exécrables impiétés, il serait brûlé et réduit en cendres par ceux auxquels les lois de la guerre permettaient d'user ainsi de leur victoire.

Jean de Giscala aspirait depuis long-temps au pouvoir; il résolut de faire un parti, et en chercha les éléments parmi ceux qui, sans être modérés, commençaient cependant à se lasser de cette vie de violence et de crimes. Les zélateurs se divisèrent donc en deux partis, se gardant l'un contre l'autre, et s'attaquant même quelquefois, mais dans de légères escarmouches. A ces trois maux de la tyrannie, de la guerre civile et de la guerre étrangère, qui accablaient cette infortunée population de Jérusalem, s'en joignit bientôt un quatrième, non moins insupportable. Aux portes de la ville se trouvait un château extrêmement fort, nommé Massada, bâti autrefois par les rois, et destiné à la garde de leurs trésors. Des bandes de brigands qu'on nommait sicaires ou assassins parce que n'étant pas assez fort et assez nombreux pour commettre leurs meurtres ouvertement, ils tuaient les gens en trahison, s'en emparèrent, et en firent un repaire, d'où ils sortaient pour fondre à l'improviste sur les villes et les villages environnants, les piller et en massacrer les habitants. Quand leur coup était fait ils rentraient dans Massada, et y mettaient leur butin en sûreté.

La ville de Gadara, voulant se soustraire à ces horreurs, députa vers Vespasien, pour le prier de l'occuper avec une garnison romaine: il y envoya Placide, un de ses lieutenants, à la tête d'un petit corps d'armée. Les factieux, voyant les Romains s'approcher, ne crurent pas pouvoir leur résister: ils se retirèrent dans le bourg de Berthenabre, où ils reçurent de grands renforts, et résolurent

de s'y défendre. Mais Placide les attira hors des murs par une retraite simulée, et, les faisant charger vigoureusement, mit le dé-
désordre parmi eux. Ils rentrèrent dans le bourg, où les Romains
les attaquèrent et les forcèrent, après un assaut qui dura plusieurs
heures. Tout ce qui tomba sous la main des Romains fut égorgé : le
reste s'enfuit vers le Jourdain ; mais quand ils arrivèrent au bord
du fleuve, ils le trouvèrent grossi par les pluies, et présentant une
barrière insurmontable à tous ceux qui ne savaient pas nager. Quinze
mille hommes environ périrent dans les flots ou par le fer ; deux
mille furent épargnés et emmenés prisonniers par les Romains.

Placide s'empara ensuite de plusieurs autres petites places de la
Judée. Cependant la nouvelle des grands événements politiques
qui se passaient en ce moment dans l'occident de l'empire, déter-
mina Vespasien à presser la fin de la guerre de Judée. Il parcourut
en conséquence tout le pays autour de Jérusalem et d'Idumée,
s'empara des principales places fortes, et vint mettre le siége devant Jéricho.

Vespasien voulut ensuite investir Jérusalem de toutes parts : il
mit donc des garnisons dans les forts de Jéricho, d'Abida et de Gé-
rasa ; en même temps Lucius Annius, un de ses lieutenants, ra-
vagea et mit à feu et à sang toute la campagne. Sur ces entrefaites,
Vespasien apprit la mort des empereurs Néron et Galba, et cette
nouvelle le décida à ajourner le projet d'assiéger Jérusalem.

Délivrés un moment des embarras de la guerre étrangère, les
Juifs n'en furent que plus acharnés à s'entre-détruire. Simon, fils
de Gioras, après avoir quelque temps pris part aux expéditions des
brigands de Massada, se retira dans les montagnes, y forma une
bande de brigands, à la tête desquels il pilla quelques bourgs. Ses
succès lui attirèrent des partisans, et, grâce à ces renforts, il se
crut assez puissant pour oser se hasarder dans la plaine. Il attaqua les villes, s'empara de celle de Naïn, dans l'Idumée, et en fit
sa place d'armes. Sa prospérité donna des inquiétudes aux zélateurs,
et, craignant qu'il ne vînt les attaquer et les chasser de Jérusalem,
ils le prévinrent : mais ce fut à leur détriment. Ils furent battus,

mis en fuite , et laissèrent un grand nombre des leurs sur le champ de bataille.

Cependant, malgré cette victoire sur les zélateurs, Simon ne se crut pas encore assez fort pour les attaquer dans Jérusalem : il résolut de s'emparer d'abord de l'Idumée, et y réussit en employant la voie des traîtres , après avoir fait en vain une première tentative à main armée.

Mais tandis qu'il conquérait l'Idumée et la ravageait horriblement, les factieux de Jérusalem tendirent un piége à sa femme et la firent prisonnière. A cette nouvelle, la colère de Simon ne connut plus de bornes : il se présente aussitôt aux portes de la capitale, et, comme une bête farouche, qui , lorsqu'elle ne peut se venger de ceux qui l'ont blessée, décharge sa rage sur tout ce qu'elle rencontre, il prit tous ceux qui sortaient de la ville pour cueillir des herbes ou du sarment ; il en faisait battre les uns jusqu'à ce qu'ils rendissent l'âme, et, les autres, il les renvoyait avec les mains coupées, en les chargeant de dire publiquement que Simon avait juré, par le Dieu vivant, que, si on ne lui rendait aussitôt sa femme, il traiterait de même tous les habitants de Jérusalem. Ces menaces effrayèrent le peuple et même les zélateurs, qui s'empressèrent de le calmer en lui envoyant sa femme.

Le 5 juin de cette année (68 dep. J.-C.), Vespasien mit de nouveau en mouvement son armée, et, soit en personne, soit par les armes de ses lieutenants, s'empara de toutes les places, non encore soumises, de la Palestine et de l'Idumée, à l'exception d'abord de Jérusalem et ensuite d'Hérodion, de Massada et de Machéron, qui étaient occupées par les factieux.

Simon tenait toujours la campagne, bloquant la ville et égorgeant tous ceux qui tentaient d'en sortir ; malheureusement ces derniers étaient nombreux ; car Jean de Giscala faisait peser sur les habitants de cette cité infortunée la plus cruelle et la plus insupportable tyrannie. Devant toute sa puissance aux soldats qui l'avaient choisi pour chef, non-seulement il ne pouvait réprimer leurs excès, mais il se croyait même obligé de les encourager, d'avoir de l'imagination pour ces hommes grossiers, et d'inventer

de nouveaux plaisirs pour eux, et de nouvelles tortures à faire souffrir aux habitants.

Les Iduméens, qui occupaient encore la ville avec lui, se lassèrent de ce genre de vie, ils se révoltèrent contre lui et le refoulèrent dans le palais qu'il avait choisi pour son séjour, et où il y
avait amassé les trésors, fruit de ses brigandages. Mais craignant
qu'il ne profitât de la nuit pour mettre le feu à la ville, ils s'assemblèrent avec les sacrificateurs pour délibérer sur ce qu'il y aurait
à faire en cette occurrence. Dieu confondit leurs desseins ; car ils
eurent recours à un remède beaucoup plus dangereux que le mal.
Ils résolurent de recevoir Simon pour l'opposer à Jean de Giscala.
Simon reçut fièrement leur messager, et leur fit répondre qu'il
aquiesçait à leur demande. Il entra donc dans la ville en qualité
de libérateur, et fut reçu par le peuple avec de grandes acclamations.

Il attaqua aussitôt les zélateurs retirés dans le temple ; mais
ceux-ci se défendirent vaillamment, et lui tuèrent beaucoup de
monde, parce qu'ils avaient l'avantage de combattre du haut d'un
lieu élevé et surtout du haut de quatre grosses tours, dont l'une
nommé Pastofarion, était celle où, selon la coutume des Juifs, un
des sacrificateurs, debout devant le soleil couchant, annonçait, au
son de la trompette, que le jour du sabbat commençait, et, le soir
d'après, qu'il finissait.

Tandis que le feu de la discordre civile désolait ainsi Jérusalem,
Rome souffrait des maux semblable. Vitellius, récemment procla-
mé empereur par son armée, y pénétrait à la tête de soixante-dix
mille hommes, et traitait en ville conquise la capitale du monde.
Vespasien s'indigna en apprenant ces nouvelles ; mais ses soldats
en furent encore plus irrités, et se plaignirent hautement « de ce
que les troupes qui étaient à Rome se prolongeassent dans les déli-
ces sans vouloir entendre parler des fatigues et des périls de la
guerre, et disposassent à leur gré de l'empire, en le donnant à celui qui leur promettait le plus d'argent. Eux, cependant, souf-
frant tant de maux, vieillis sous les armes, étaient assez lâches
pour se laisser ravir cette autorité, quoiqu'ils eussent pour chef un

2..

homme si digne de commander. Le sénat et le peuple romain ne pourraient d'ailleurs manquer d'approuver leur choix et de préférer la valeur, les talents et les vertus austères de Vespasien et de son fils Titus, à la débauche de Vitellius. » Echauffés par ces discours et par d'autres semblables, ils se réunirent près de la tente de leur général et le proclamèrent empereur. Vespasien essaya d'abord de refuser cet honneur ; mais une douce violence le contraignit de céder au vœu de ses troupes.

Cette nouvelle position l'appelait à de nouveaux devoirs : laissant donc le commandement de son armée de la Palestine à son fils Titus, il partit pour Rome, où il trouva toutes les voies au trône applanies par ses lieutenants et par son frère Sabinus; Vitellius, vaincu, avait été égorgé par le peuple.

CHAPITRE IV.

—

Les zélateurs, dans le temps même où Simon les attaquait, étaient travaillés par les dissensions intestines. Eléazar, l'un des prinéipaux d'entre eux, poussé par l'ambition et ne pouvant plus supporter l'orgueil de Jean de Giscala, se sépara de lui à la tête d'un corps de troupes assez considérable et s'établit dans la partie supérieure du temple où il avait l'assurance de ne manquer de rien, à cause des offrandes continuelles qu'on y apportait, et que son impiété ne craignit pas d'employer à des usages profanes.

Jean de Giscala se trouvait dans une disposition fort critique : au-dehors il était attaqué par Simon, tandis qu'il avait à se défendre au-dedans contre Eléazar. Pour contenir ce dernier, il fit dresser des machines qui lançaient de grosses pierres, mais qui tuaient aussi fréquemment ceux qui venaient offrir des sacrifices : car, au milieu de toutes ces scènes de carnage et d'impiété, on ne refusait pas l'entrée des lieux saints à ceux qui venaient y sacrifier. Plusieurs hommes, venus des extrémités du monde pour adorer Dieu dans le lieu saint, tombèrent morts avec leurs victimes, frappés par ces pierres, et arrosèrent de leur sang cet autel qu'avaient respecté les étrangers.

Eléazar et les siens s'enivraient du produit des offrandes sacrées; il attaquait fréquemment Jean de Giscala; mais celui-ci le repoussait au moyen de ses machines. Dès qu'Eléazar le laissait en repos, il attaquait à son tour Simon, faisait des sorties, et, lorsqu'il avait quelque avantage et qu'il était parvenu à le faire reculer, il mettait le feu aux maisons où il pouvait entrer, bien qu'elles fussent rempli de blé, détruisant ainsi ce qui avait été préparé pour soutenir le siége, comme s'il eût conspiré avec les Romains. L'un de ces incendies s'étendit jusques au pied des murs du temple, et détruisit une énorme quantité de blé qui y avait été rassemblée, et qui eût suffi à l'entretien des habitants pendant un siége de plusieurs années.

Au milieu de ces fléaux qui accablaient la malheureuse Jérusalem, les vieillards et les femmes faisaient des vœux pour les Romains, et souhaitaient d'être délivrés, par la guerre étrangère, des maux intolérables de la guerre civile. Ils ne pouvaient ni demeurer en sûreté dans la ville, ni fuir, parce que tous les passages étaient gardés par les factieux, qui tuaient, comme des ennemis, ceux qu'ils soupçonnaient vouloir se retirer chez les Romains. On entendait jour et nuit les cris de ceux qui étaient aux mains les uns avec les autres, et, quelque grande que fût la peur dont on était incessamment tourmenté, on ne laissait pas d'être encore plus ému par les plaintes des blessés et par toutes les scènes de violences et de carnage qu'on avait sans cesse sous les yeux.

Pour mieux se fortifier, Jean de Giscala voulut faire construire des tours, avec de grands amas de bois, que le roi Agrippa avait fait venir du Liban et porter dans le temple pour l'usage de ce saint lieu. Mais Dieu confondit son dessein en faisant venir les Romains avant que ce travail ne fût achevé.

Titus s'avança sur Jérusalem avec toute son armée; arrivé à Acantholauna, il se porta en avant à la tête d'environ six cents chevaux pour faire une reconnaissance autour de la capitale; mais s'étant aventuré un peu trop près de la ville, il fut surpris par une furieuse sortie des assiégés et séparé du gros de son armée. Dans un si grand danger, ce prince, ne comptant que sur son courage, fit volte-face, poussa son cheval à travers les ennemis, et se fraya un passage avec son épée, en criant aux siens de le suivre. On vit

alors, avec la dernière évidence, que les événements de la guerre
et la conservation des princes, dépendent de Dieu ; car bien que
Titus ne fût point couvert d'armures défensives, il ne reçut aucune
blessure, quoi qu'une multitude innombrable de flèches fussent
lancées sur lui de toutes parts : comme si quelque puissance invi-
sible eût pris soin de les détourner de sa personne. Environné
d'une nuée de flèches, il renversait tout ce qui se présentait devant lui, et passait sur le ventre de ses ennemis. Les Juifs se pressaient en foule sur ses pas, s'entre-exhortaient et s'efforçaient
d'empêcher sa retraite ; mais, comme s'il eût porté la foudre dans
ses mains, de quelque côté qu'il frappât, il faisait de larges trouées :
c'est ainsi que, sans être blessé, il rentra dans son camp, n'ayant
perdu que deux de ses compagnons.

Cependant l'imminence du danger et la grandeur de la guerre
qu'ils allaient avoir à soutenir, firent ouvrir les yeux à ceux qui
n'avaient pensé jusqu'alors qu'à s'entre-détruire. Les différents
partis qui déchiraient les entrailles de la capitale de la Judée,
voyant les Romains établir leur camp et se fortifier aux portes de
Jérusalem, songèrent à se réunir et à concerter leurs efforts. Le
premier résultat de cet accord fut une sortie vigoureuse qu'ils firent contre la dixième légion. Les soldats de ce corps étaient en ce
moment occupés à construire un retranchement ; ne pouvant croire que les Juifs oseraient les attaquer et même qu'ils le pourraient
s'ils le voulaient, à cause de leurs divisions intestines, la plupart
d'entre eux s'étaient débarrassés de leurs armes et ne songeaient
qu'à leurs travaux. Pris au dépourvu par cette sortie à laquelle ils
n'étaient point préparés, ils s'enfuirent poursuivis par les Juifs,
l'épée dans les reins, et abandonnèrent leur camp. Toute la légion
courait le risque d'être taillée en pièce, si Titus ne fût accouru à son
secours, ne l'eût rallié et ramené au combat. Les Juifs, repoussés,
se retirèrent après avoir laissé quelques-uns des leurs sur le champ
de bataille ; ils ne rentrèrent cependant pas en ville, mais s'établi-
rent sur une colline où Titus ne crut pas devoir essayer de les forcer. Il retourna donc vers son camp, et la dixième légion à son
travail. Mais la sentinelle qui veillait sur une des tours de Jérusa-

lem, voyant Titus s'éloigner, crut qu'il fuyait, et donna le signal de cette fuite aux siens. Ils sortirent en grand nombre et avec une extrême impétuosité, tels que des bêtes féroces. Les Romains ne purent soutenir cet effort et se retirèrent vers une colline du haut de laquelle se trouvait alors Titus. Le général s'efforça de leur rendre le courage, et, se plaçant au premier rang, tint tête aux Juifs, lutta contre eux, et, après des efforts inouïs de valeur, les repoussa au bas de la montagne. Les Romains, voyant leur général si fort engagé, reprirent courage, et, revenant a la charge, mirent les Juifs en fuite et les refoulèrent jusque dans la ville.

A la suite de ces deux combats et tandis que les légiont travaillaient à leur camp, il s'établit une sorte de trêve dont les Juifs profitèrent pour reprendre le fil interrompu de leurs dissensions intestines. Le 14 avril (70 ap. J.-C.), jour où les Juifs célébraient la fête de Pâques en mémoire de leur délivrance de la servitude d'Egypte, Eléazar fit ouvrir la porte du temple pour y recevoir ceux du peuple qui voulaient y venir adorer Dieu. Jean de Giscala résolut de tirer partie de cette circonstance, il commanda à quelques-uns des siens, qu'il choisit parmi ceux qui n'étaient pas connus et qu'aucun scrupule ne pouvait retenir, de cacher des épées sous leurs habits, et de se mêler à ceux qui entraient dans le temple. Dès qu'ils y furent, en effet, pénétrés, ils mirent l'épée à la main, et se montrèrent en armes, ce qui causa aussitôt un tumulte effroyable dans la foule. Mais les partisans d'Eléazar, se voyant ainsi pris au piége, furent saisis d'une terreur panique, et, abandonnant les portes sans oser se mettre sur la défense, s'enfuirent dans les égoûts, tandis que la populace, qui s'était retirée au pied de l'autel et dans l'intérieur du temple, foulée aux pieds, se voyait assommée à coup de bâton ou égorgée à coups d'épée.

C'est ainsi que les trois factions, qui avaient déchiré Jérusalem, furent réduites à deux, qui n'en mirent, du reste, que plus d'acharnement à se faire la guerre et à déchirer le sein de leur malheureuse patrie, au moment même où elle eût eu besoin de l'union la plus parfaite entre tous ses enfants pour résister à la guerre étrangère.

Cependant Titus s'occupait activement des préparatifs du siége : il fit couper tous les arbres, abattre les clôtures des jardins, et, au moyen de terrasses, aplanir tout l'espace qui s'étendait de son camp jusqu'au sépulcre d'Hérode. Quelques-uns d'entre les plus déterminés parmi les Juifs résolurent de profiter de ces travaux mêmes que l'on faisait contre eux pour dresser des embûches aux Romains. Ils s'approchèrent donc des travailleurs les plus élevés de la terrasse, et feignant d'être les habitants paisibles et persécutés, ils assurèrent les Romains, qu'à part quelques brouillons, toute la population soupirait après la paix, et qu'il suffirait que, au lieu de perdre du temps à faire des terrasses, ils s'approchassent des portes de Jérusalem et fissent un acte de rigueur pour que la ville tout entière se déclarât en leur faveur.

Ces ouvertures paraissaient suspectes à Titus ; aussi commanda-t-il à ses soldats de ne point quitter leurs postes. Mais ceux-ci, se laissant prendre à cet artifice, se croyaient déjà maîtres de la ville, et brûlaient d'impatience d'en venir à l'exécution. C'est pourquoi quelques-uns de ceux qui étaient préposés à la garde et à la direction des travaux, ayant pris les armes, coururent vers les portes de la ville. Les Juifs qui les avaient attirés dans le piége, et feignaient d'avoir été chassés de la ville, les laissèrent passer ; mais dès qu'ils les virent arrivés près de la porte, ils les attaquèrent par derrière, en même temps que ceux qui étaient sur les murailles et sur les remparts les accablaient de flèches et de pierres. Ce ne fut pas sans une peine extrême et sans beaucoup de pertes, que ces imprudents parvinrent à se retirer du mauvais pas dans lequel ils s'étaient engagés. Les Juifs les poursuivirent de leurs traits et de leurs railleries, élevant en l'air leurs boucliers pour les faire briller au soleil, dansant et sautant de joie. Titus accueillit ces imprudents avec des reproches et des menaces : « Quoi ! leur dit-il, les Juifs savent user de stratagèmes, de prudence, nous dresser des embûches et ils réussissent, parce qu'ils obéissent à leurs chefs et s'unissent contre nous ; tandis que c'est vous, Romains, dont jusqu'à présent on avait admiré la parfaite discipline et l'obéissance, qui vous laissez surprendre, et vous faites battre et poursuivre! Que dira mon père lorsqu'il apprendra cette nouvelle, lui qui durant toute sa vie passée dans la guerre, n'a jamais rien vu de semblable? Mais ceux qui n'ont pas craint de manquer ainsi à leur devoir apprendront bientôt, par leur châtiment, que la victoire même passe pour un crime parmi les Romains, lorsqu'on ose aller au combat sans en avoir reçu l'ordre de ses chefs. »

En entendant ces paroles, tous ceux qui avaient failli se crurent perdus, et se préparaient déjà à recevoir la mort qu'ils avaient méritée, quand les officiers des légions se présentèrent et supplièrent Titus d'avoir compassion de ces coupables, et de pardonner leur désobéissance à un petit nombre, en considération de l'obéissance de tous les autres, et aussi à cause de leur ardent désir d'effacer le souvenir de leur faute par de si grands services, qu'il ne pût avoir de regret de s'être montré indulgent. Ces prières adouciront Titus; il fit grâce, à condition qu'on ferait tout pour s'en montrer digne désormais.

Il ne songea donc plus qu'à se venger des Juifs : il pressa les travaux, et en quatre jours son esplanade s'étendit jusqu'au pied du mur de la ville. Il en rapprocha alors son camp ; son armée était divisée en trois corps, dont l'un, celui que commandait Titus en personne, s'établit au nord-ouest de la ville, à environ 160 toises de la muraille; le second était campé à la même distance de la tour d'Hippicos; et le troisième, sur la montagnes des Oliviers.

La ville de Jérusalem était enfermée de toutes parts dans une triple muraille, excepté du côté des vallées où il n'y avait qu'un seul retranchement, parce que cet endroit passait pour inaccessible. Elle était assise sur deux montagnes opposées et séparées par une vallée pleine de maisons. Celle de ces montagnes où se trouvait la ville haute, était beaucoup plus escarpée et plus élevée que l'autre, c'est cet emplacement que choisit le roi David pour y bâtir une forteresse à laquelle il donna son nom.

L'autre montagne s'appelle Acra; la pente en est égale de tous côtés, et c'est sur elle qu'est bâtie la ville basse. Il y avait autrefois une troisième montagne plus basse, séparée d'Acra par une vallée; mais les princes Asmonéens la firent combler; il firent aussi raser le sommet d'Acra pour joindre la ville au temple, et afin que celui-ci dominât tout le reste.

Le plus ancien des trois murs qui environnaient Jérusalem passait pour inexpugnable, tant à cause de son épaisseur, que par sa position au bord de précipices profonds. Le second mur était situé au nord et ne couvrait la ville que de ce côté. Le troisième mur couvrait les quartiers assis au nord du temple : il avait été bâti par Agrippa, et n'enveloppait d'abord que des terres inhabitées, qui depuis lors se couvrirent de maisons. Il y avait encore une quatrième montagne, nommée Bésétha, qui commençait alors à être habitée; à la prière du peuple, le père du roi Agrippa avait jeté les fondements d'une muraille qui eût entouré ce quartier ; mais il n'osa pas continuer ce travail, de peur d'inspirer des soupçons à l'empereur Claude. S'il l'eût achevé, Jérusalem eût été imprenable, car les pierres dont il se servait pour cette construction avaient vingt coudées de long sur dix de large, ce qui les soustrayait à l'action des machines, impuissantes contre de telles masses. Les Juifs élevèrent plus tard ce mur jusqu'à la hauteur de vingt coudées, le crénelèrent et le munirent de parapets. Ils le flanquèrent de quatre-vingt-dix tours carrées, hautes chacune de quarante coudées, distantes l'une de l'autre de deux cents coudées, et d'une construction parfaitement solide. L'ancien mur était muni de soixante tours ; celui du milieu, de quatorze. La ville avait trente-trois stades de circonférence.

Parmi ces tours, dont les sommets se détachaient de la muraille et qui dominaient la ville, il y en avait plusieurs qui se distinguaient par leur solidité, leur hauteur et leur épaisseur. Il y avait d'abord la tour Pséohina, bâtie à l'angle nord-ouest de la ville, et vis-à-vis de la quelle Titus avait assis son quartier : elle était octogone et avait soixante-dix coudées de haut; de son sommet, la vue plongeait jusque dans l'Arabie, et quand le temps était serein, on découvrait la mer. Non loin de là étaient trois tours célèbres, bâties par Hérode. Elles étaient d'une beauté et d'une force extraordinaires, et l'on n'en citait aucune autre dans le monde qui pût leur être comparée. Ce prince avait voulu, par ces trois monuments, témoigner son affection pour trois personnes qui lui avaient été chères entre toutes : c'étaient un ami et un frère, tués à la guerre, après des exploits étonnants, et une femme qu'il avait aimée avec excès. Il donna à la première le nom de son ami, Hippicos : elle était carrée, avec vingt-cinq coudées de côté et trente de hauteur ; elle était de plus massive au-dedans. Elle était surmontée d'un bâtiment à deux étages, de vingt-cinq coudées de haut chacun, divisés en logement, munis de créneaux et de parapets. La seconde de ces tours reçut le nom de son frère Phazaël. Elle était de forme cubique, et avait quarante coudées de hauteur, et de largeur. Elle portait à son sommet une espèce de vestibule, de dix coudées de hauteur, soutenu par des arcs-boutants et environné de petites tours. Du milieu de ce vestibule s'élevait une tour dans laquelle étaient des logements et des bains d'une merveilleuse richesse. L'édifice entier avait donc quatre-vingt-dix coudées de haut, et ressemblait à cette tour d'Alexandrie, nommée le Phare, où un feu soigneusement entretenu et visible au loin sur la mer, sert de guide aux navigateurs pour les empêcher de donner à travers les rochers dont la côte d'Egypte est hérissée. Mais la tour de Phazaël était plus spacieuse que cette dernière : elle servait de repaire à Simon et aux siens. Hérode donna à la troisième de ces tours le nom de Marianne, sa femme. Cette tour avait vingt coudées de long, autant de large, et cinq de haut ; et tel était l'art avec lequel ces pierres étaient taillées et jointes ensemble, que chacune de ces tours semblaient n'être que d'une seule pièce.

Le temple était bâti sur une montagne fort escarpée, dont il occupait tout le sommet : il fallut même que le roi Salomon, lorsqu'il le fit élever, fit faire un mur pour soutenir les terres du côté de l'Orient, et pour prolonger le plateau. La montagne était environnée d'une triple enceinte de murailles. Pour achever ce prodigieux monument, il avait fallu des siècles de travail, et tous les trésors provenant des dons que la dévotion des peuples venaient y offrir de toutes les contrées de la terre.

Tels étaient alors Jérusalem, ses fortifications et son temple. La garnison qui l'occupait se divisait en deux partis, commandés l'un par Jean de Giscala, et l'autre par Simon. Celui-ci avait sous ses ordres les plus vaillants et les plus opiniâtres des factieux, au nombre d'environ dix mille hommes, commandés par cinquante chefs ; il disposait en outre d'environ cinq mille Iduméens commandés par dix chefs.

Jean de Giscala était à la tête de huit mille quatre cents hommes : il occupait le temple, Ophlan et la vallée de Cédron. Simon était maître de la ville haute, des murailles jusqu'à la fontaine de Siloé, et jusqu'à la vallée de Cédron, et de la montagne d'Acra. Tout l'espace qui se trouvait entre Jean de Giscala et lui, ayant été ravagé par le feu, ce n'était plus que comme une place d'armes qui leur servait de champ de bataille. Les deux partis se réunissaient dans leurs efforts pour résister aux assauts des Romains ; mais aussitôt que ceux-ci leur laissaient quelque loisir, ils en profitaient pour reprendre leurs dissensions et leurs luttes intestines.

Titus choisit, pour attaquer la place, l'endroit qui en était le plus faible, vers le sépulcre du grand sacrificateur Jean ; parce qu'il était le plus bas de tous, que le premier mur n'y était pas défendu par le second, que l'on avait négligé de fortifier de ce côté là parce qu'il correspondait à une partie de la ville qui n'était pas encore bien peuplée, et enfin que l'on pouvait par cet endroit parvenir au troisième mur sans passer par le second.

Tandis que le général romain s'occupait de ce choix, Nicanor, l'un de ses amis, s'approcha de la muraille avec Josèphe, pour exhorter les Juifs à demander la paix ; mais ils ne lui répondirent qu'en lui envoyant une flèche, qui le blessa à l'épaule. Cette conduite des factieux envers ceux qui leur parlaient de paix, confirma Titus dans la résolution d'en venir aux voies de rigueur. Il permit en conséquence à ses soldats de démolir les maisons des faubourgs, pour en employer les matériaux à la construction de leurs terrasses. On travaillait avec une ardeur extrême, et il n'y avait

personne dans toute l'armée qui ne mit la main à l'œuvre ; les
Juifs, de leur côté ne négligeaient rien de tout ce qui pouvait contribuer à la sûreté de la place. Cependant le peuple de Jérusalem
commençait à respirer, tandis que les factieux étaient exclusivement occupés au soin de leur défense, et ne pouvaient tourner leur
fureur contre lui. Simon, qui avait à soutenir tout le fort de l'attaque, fit dresser sur les remparts toutes les machines qu'on avait
enlevées autrefois à Cestius ; mais il n'en tirait qu'un faible parti,
faute de gens qui sussent en faire usage. Il s'en servait néanmoins
aussi bien qu'il lui était possible de le faire, lançait sur les assiégeants des pierres et des traits, faisait des sorties et en venait aux
mains avec eux.

Les Romains couvraient leurs travailleurs avec des claies et des
gabions, en plaçant devant eux des frondeurs et des archers, et en
faisant jouer leurs machines avec un art terrible. La douzième
légion se distinguait entre toutes pour ce dernier exercice : les
pierres que lançaient ces machines étaient plus grosses que celles
de toutes les autres, et avaient une telle impulsion qu'elles ne
renversaient pas seulement ceux qui faisaient des sorties, mais
qu'elles atteignaient jusqu'au sommet des murs dont elles allaient
tuer les défenseurs. Les plus petites de ces pierres pesaient au
moins un talent ; leur portée était de plus de deux stades. Mais les
Juifs avaient trouvé moyen de les éviter souvent : d'abord le bruit
qu'elles faisaient permettait de les entendre, et leur blancheur, de
les voir ; de plus, on avait disposé sur les tours des gens qui, dès
que l'on commençait à faire jouer les machines, en avertissaient les
assiégés, en criant en hébreu : « *Le fils vient,* » et « *Il prend tel
chemin.* » Dès qu'ils entendaient ce cri, ils se couchaient, et les
pierres passaient au-dessus d'eux sans les toucher. Les Romains,
l'ayant remarqué, prirent quelques précautions, et entre autres
firent noircir les pierres ; ce procédé leur réussit, et une seule
pierre tuait quelquefois plusieurs Juifs. Mais nul péril ne pouvait
refroidir l'ardeur avec laquelle ils s'opposaient aux travaux des
Romains.

Dès que ceux-ci eurent achevé leurs terrasses, ils lancèrent

contre la muraille une balle de plomb attachée à une corde, pour
mesurer l'espace qui s'étendait depuis l'extrémité de leurs travaux
jusqu'aux murs de la ville, attendu que les traits que les assiégés ne
cessaient de faire pleuvoir ne permettaient pas d'en approcher. On
s'assura, par ce moyen, que les béliers pouvaient parvenir jusqu'aux
murs de la ville, et on les mit aussitôt en batterie en trois endroits
à la fois, en même temps que les autres machines jouaient pour
empêcher les assiégés de paraître au haut des murailles. Le bruit
de tant de machines jouant simultanément frappa de terreur les
habitants, et intimida même les factieux. L'éminence du péril les
fit songer à se réunir et se concerter pour la défense commune. Ils
se disaient que, bien qu'ils ne pussent espérer que leur résistance
pût durer toujours, ils ne devaient cependant pas favoriser les
Romains en conspirant pour se détruire, au lieu de tout faire pour
s'opposer à leurs ennemis. En conséquence, Simon envoya dire par
un héraut à ceux qui occupaient le temple qu'ils pouvaient en toute
sûreté en sortir pour veiller en commun à la défense de la ville;
quoique Jean n'eût pas déposé toute méfiance, il n'en permit pas
moins aux siens de se rendre à cette invitation.

Tous ces factieux suspendirent leurs inimitiés, se réunirent en
un seul corps, et, bordant les remparts, se mirent à lancer une
énorme quantité de feu et de traits contre les machines des assiégeants et contre ceux qui poussaient les béliers. Quelques-uns
d'entre eux portaient l'audace jusqu'au point de sortir par grandes
troupes, et de se jeter sur les machines et sur ceux qui les défendaient, faisant voir aux Romains qu'il ne leur manquait que d'avoir
autant de science dans la guerre que de courage et de mépris du
danger. Titus couvrit ses machines avec de la cavalerie; mais les
béliers ne produisaient pas autant d'effet qu'on était en droit d'en
espérer : le mur qu'ils battaient étaient tellement solide, qu'il
n'était nullement ébranlé de leurs coups. Celui de la cinquième
légion produisit seul quelque effet : il fit écrouler un pan d'une
tour qui surmontait le mur; mais celui-ci n'en souffrit point. Les
assiégés ayant laissé passer quelques jours sans faire de sorties,
s'aperçurent, du haut des murailles, que les Romains se négli-

geaient dans la surveillance de leurs batteries et de leurs machines.
Sortant donc par une poterne, ils les surprirent, mirent le feu à
leurs travaux et le désordre dans leurs avant-postes. Leur audace
l'emporta un moment sur la discipline des Romains. Un grand
combat s'engagea autour des machines, et de part et d'autre on fit
des efforts désespérés, les uns pour les brûler, les autres pour les
défendre. La vigueur et le mépris de la mort que les Juifs déployèrent en cette circonstance leur eussent certainement donné l'avantage si, contre toute apparence, les Égyptiens, qui servaient dans
l'armée romaine, n'eussent combattu avec tant de valeur, que, ce
jour-là, ils l'emportèrent sur les Romains. Grâce à leurs efforts,
Titus eut le temps de venir au secours des siens, qui pliaient; il
chargea vigoureusement les Juifs, les ramena au pied de leurs
murailles, et les poursuivit si vivement qu'il en tua douze de sa
propre main. Pour ajouter la terreur au découragement dans lequel
il pensait que cette défaite avait dû les jeter, il fit crucifier l'un des
leurs à la vue de ses frères.

Titus avait fait dresser sur ses terrasses trois tours de cinquante
coudées de haut chacune; elles commandaient les remparts et les
tours de la ville. Vers le milieu de la nuit qui suivit ce combat,
l'une de ces tours s'écroula spontanément, et le bruit de sa chute
souleva un étrange tumulte dans le camp des Romains. Toutes les
légions coururent aux armes, ne sachant trop cependant de quel
côté faire face, et ne voyant d'ennemis nulle part, mais s'enquérant
avec anxiété d'où venait ce bruit, ou comment il s'était fait que
cette tour fût tombée. Une terreur panique s'était répandue parmi
elles; leurs différents corps se soupçonnaient l'un l'autre, et se
demandaient réciproquement le mot d'ordre : le trouble n'eût pas
été plus grand si les Juifs avaient eu déjà forcé l'entrée du camp.
Titus eut une peine extrême à rétablir l'ordre, en faisant apprendre
à chacun la cause véritable de tout ce tumulte.

Ces tours incommodaient du reste excessivement les Juifs, parce
que, couvertes de machines, de frondeurs et d'archers, elles les
accablaient sous une grêle continuelle de flèches et de pierres, sans
qu'ils trouvassent moyen d'y remédier, parce qu'ils ne pouvaient

élever de cavaliers aussi haut qu'elles, ni les renverser, à cause de la solidité de leur construction; ni les brûler, à cause des plaques de fer dont on les avait revêtues. Ils furent donc réduits à se retirer de devant elles, et à abandonner la partie de la muraille qu'elles battaient; dès-lors rien ne fit plus obstacle au jeu des béliers; et ces terribles machines, battant incessamment les murs, les ébranlèrent. Cependant les assiégés, déjà épuisés par tant de combats, de veilles, se découragèrent, et, désespérant de pouvoir défendre plus long temps cette partie de rempart, se décidèrent à l'abandonner, d'autant plus qu'il leur en restait encore deux autres. En conséquence, le 7 mai, après quinze jours de tranchée ouverte, les Romains demeurèrent maîtres du quartier septentrional de la ville, le même que Cestius avait ruiné quelques années auparavant.

Titus établit son camp dans la vallée de Cédron, à une portée de flèche du second mur, et commença à l'attaquer. Les Juifs s'étaient partagés pour le défendre : Jean s'était chargé de la forteresse Antonia et de la partie du mur qui l'avoisine; Simon défendait l'autre partie. Ils faisaient de fréquentes sorties et en venaient aux mains avec les Romains; mais la supériorité de la discipline donnait toujours l'avantage à ces derniers. Il n'en était pas de même dans les assauts : l'audace des Juifs, le désespoir et la certitude qu'il n'y avait pour eux de salut que dans la résistance, leur faisaient faire tant d'efforts, qu'ils finissaient par faire reculer les Romains. La journée se passait en assauts et en combats continuels et acharnés; elle était suivie de nuits pénibles encore, car elles n'amenaient ni repos, ni possibilité de sommeil, par la crainte continuelle, du côté des Juifs, qu'on n'emportât leurs murs d'assaut, et, du côté des Romains, que les Juifs ne fissent de sorties. De part et d'autre on passait ainsi la nuit sous les armes, et, quand le jour venait, il fallait retourner au combat.

Les Juifs combattaient d'ailleurs avec une rare ardeur et se précipitaient à l'envi dans le péril pour plaire à leurs chefs, et surtout à Simon, pour lequel ceux de son parti professaient tant d'enthousiasme, qu'il n'y en avait pas un qui ne fût prêt à se tuer sur un signe de sa tête. Les Romains se sentaient, de leur côté, animés au combat par le souvenir de leurs victoires précédentes, par celui de la gloire de leurs armes à soutenir, par la possession où ils étaient depuis long-temps de vaincre toujours, et surtout par la présence de leur jeune général. Cet admirable chef était présent partout, ne laissant aucune belle action sans récompense ; la lâcheté eût été presque impossible, quand on savait quel témoin on avait de ses actions, et que, par son courage, on pouvait se rendre digne de l'estime de celui qui, déjà César, devait être un jour le maître de l'empire.

Les assiégés ne tenaient aucun compte de leurs souffrances, ils ne songeaient qu'à attaquer les Romains, et s'estimaient heureux de mourir, pourvu qu'ils en eussent tué quelqu'un. Titus faisait peu de cas ce ce genre de courage dans les siens : il le considérait comme l'inspiration du désespoir, et ne mettait pas moins de soins à ménager la vie de ses soldats qu'à leur procurer la victoire. Il répétait souvent que le vrai courage consiste à se conduire avec sang-froid dans les périls, et à ne jamais rien oublier de ce qui peut préserver du mal et le faire retomber sur les ennemis.

Les Romains dirigèrent le bélier contre la tour qui regardait le nord ; en même temps leurs archers et leurs frondeurs, aidés par l'action puissante des machines, repoussaient ceux qui étaient chargés de la défendre. Il n'y en eut qu'un seul qui, à la tête de dix soldats, resta quelque temps sur la tour, sous la protection des mantelets ; mais lorsqu'ils sentirent qu'elle s'ébranlait, le chef, nommé Castor, tendit les bras à Titus et le conjura d'une voix lamentable de lui pardonner. Titus s'y sentait naturellement porté par l'extrême bonté de son cœur : il ajouta foi à ses paroles, et pensant que les Juifs se repentaient de s'être engagés dans cette horrible guerre, il fit cesser le mouvement des béliers, défendit de tirer contre Castor et les siens, et lui permit de se faire entendre. « Je souhaite, dit-il, qu'on en vienne à un traité. — Je t'en sais bon gré, lui répondit Titus ; et si tous les tiens sont de ton avis, je suis prêt à leur accorder la paix. » Aussitôt cinq de ceux qui sont avec Castor feignent de partager son avis, tandis que les cinq autres crient qu'ils mourront plutôt que de devenir esclaves des Romains.

Ceux-ci avaient cessé de tirer et ne faisaient plus aucun effort contre la tour ; Castor profita de ce répit, envoya un messager à Simon pour le prévenir de ce qui se passait, afin qu'il en tirât parti, tandis que lui Castor continuerait d'amuser Titus en prolongeant cette contestation et en feignant d'exhorter ses cinq compagnons à accepter la paix. Pour plonger les Romains plus avant dans leur illusion, les cinq soldats qui faisaient semblant de faire opposition à Castor, tirèrent leurs épées, engagèrent un combat simulé contre leurs compagnons, et finirent par se laisser tomber, comme s'ils eussent été tués. Titus, à cette vue, ne pouvant d'ailleurs reconnaître son erreur, déplora l'aveugle fureur que poussait ces malheureux à s'entr'égorger ; et voyant Castor retirer une flèche qu'on venait de tirer et qui l'avait blessé, et se plaindre de ce qu'on ne tenait pas la promesse qu'on lui avait faite, ce prince désapprouva celui qui avait lancé cette flèche, et pria Josèphe, qui était à ses côtés, d'aller donner à Castor sa main à toucher en signe de paix. Mais celui-là le pria de l'en dispenser, parce qu'il soupçonnait quelque artifice dans la conduite de Castor : ce qui fut cause que plusieurs de ceux de la suite de Titus, qui s'étaient d'abord offerts pour cette mission, n'y allèrent pas. Néanmoins un Juif, nommé Enée, qui s'était rendu aux Romains, s'offrit à y aller. En le voyant, Castor lui cria de loin qu'il apportât un vase pour recevoir de l'argent, ce qui alluma davantage l'ardeur d'Enée ; il accourut donc, mais, lorsqu'il fut près de Castor, celui-ci lui lança une grosse pierre dont il évita le coup, mais qui alla blesser un soldat qui se tenait derrière lui. Titus, détrompé par cette action, entra en colère et fit abattre la tour avec plus de vigueur que jamais ; mais, au moment où elle allait s'écrouler, Castor et ses compagnons y mirent le feu, et se jetèrent à travers les flammes dans des voûtes qui étaient au-dessous.

La chute de cette tour fit une brèche au second mur cinq jours après la prise de possession du premier par les Romains. Cette brèche leur livrait l'entrée de la nouvelle ville. Les rues en étaient fort étroites, elle n'était habitée que par des marchands et par des artisans. Si Titus y cût mis le feu, il se serait facilement emparé du terrain qu'elle occupait, et on eût chassé les Juifs sans coup férir. Mais, dans l'espoir qu'ils auraient recours à sa clémence, désirant d'ailleurs conserver la ville à l'empire et le temple à la ville, il défendit à ses soldats de tuer les prisonniers et de mettre le feu aux maisons ; il fit même dire aux factieux que, s'ils ne voulaient pas la paix, il leur permettait de sortir de la ville pour continuer à faire la guerre en rase campagne, pourvu qu'ils ne fissent point de mal au peuple. Celui-ci était on ne peut plus disposé à accepter ces propositions ; mais les factieux, se méprenant sur le mobile de Titus, crurent qu'il était poussé par la peur et qu'il désespérait de prendre la ville. Ils menacèrent de mort ceux qui parleraient d'accommodement, ou qui profèreraient seulement le mot de paix. Les uns se jetèrent l'épée à la main dans les rues étroites et tortueuses de la ville neuve, à la rencontre des Romains, et les attaquèrent en face, tandis que d'autres, faisant une sortie, les attaquèrent par derrière. Les corps-de-garde des assiégeants, effrayés et troublés par cette double attaque, abandonnèrent la brèche et les tours à la garde desquelles ils étaient commis, et regagnèrent le camp. Il s'éleva alors de grands cris du côté des Romains, parce que ceux qui s'étaient engagés dans les rues de la ville se trouvaient environnés par les Juifs, et ceux qui s'étaient sauvés dans le camp étaient effrayés du péril où ils voyaient leurs camarades. Cependant les Juifs devenaient de moment en moment plus nombreux ; profitant de l'avantage que leur donnait la connaissance des lieux, ils pressaient vivement les Romains, qui avaient peine à se défendre, et dont la retraite ne pouvait d'ailleurs s'effectuer que lentement, parce que l'unique passage par où la brèche pût s'opérer n'était pas assez large pour que plusieurs soldats pussent la franchir à la fois. C'est à peine s'il en serait échappé un seul, si Titus ne fût accouru à leur secours. Il mit au bout des rues des archers, pour repousser les ennemis et couvrir la retraite des siens ; et, accompagné de Domitius Sabinus, qui passait pour l'officier le plus brave de l'armée, il se porta en avant aux lieux où la mêlée était la plus sanglante et le danger le plus grand. Placé ainsi en arrière-garde, il combattit jusqu'à ce que tous les siens eussent passé la brèche, et ne se retira que le dernier, quand il n'eut plus aucun de ses soldats en danger.

C'est ainsi que les Juifs recouvrèrent le second mur ; ce succès accrut encore leur folle confiance en leurs forces, et, dans le paroxisme de leur orgueil, ils s'imaginèrent follement que les Romains n'oseraient plus rien entreprendre, et que, du reste, s'ils étaient assez téméraires pour le faire, ils ne réussiraient pas mieux que dans leur dernière tentative. Dieu, qui voulait les châtier sévèrement, les aveuglait ainsi dans leurs pensées : ils oubliaient que ceux qu'ils avaient repoussés n'étaient qu'une faible partie de l'armée romaine, et qu'ils étaient d'ailleurs livrés sans défense à un ennemi bien autrement redoutable, la faim, qui croissait de jour en jour, et qui avait déjà fait mourir plusieurs habitants. Mais les souffrances du peuple les touchaient peu : ils considéraient comme une multitude inutile et à charge tout ce qui ne portait pas les armes contre les Romains, et n'en voyaient qu'avec joie diminuer le nombre.

Ils ne tardèrent pas à s'apercevoir qu'ils s'étaient trompés en croyant que les Romains n'oseraient plus attaquer le second mur : ils l'assaillirent durant trois jours de suite, à la vérité d'abord sans succès ; mais le quatrième jour, les Juifs plièrent, et les Romains, redoublant d'ardeur, finirent par s'en rendre maîtres de nouveau. Titus en fit aussitôt démolir la plus grande partie, il mit bonne garnison dans ce qu'il en laissa debout. Avant d'attaquer le troisième mur, il crut devoir laisser aux factieux le loisir de réfléchir sur ce qu'il y avait de critique et de désespéré dans leur position, présumant que la partie et la ruine du second mur aurait fait d'autant plus d'impression sur leur esprit, que la famine était extrême parmi eux, et que le pillage commençait à ne plus leur fournir de quoi subsister. Pour mieux frapper leur imagination et mieux les convaincre de l'énorme différence qu'il y avait entre ses ressources et les leurs, il rangea toute son armée en bataille dans les faubourgs et sur un emplacement où elle était en vue des assiégés, et choisit ce moment pour faire distribuer leur paie à tous ses soldats. Ce spectacle était merveilleusement propre à encourager

3.

les Romains, mais aussi à décourager les factieux : ils étaient accourus en foule pour le contempler, et couvraient tout le mur septentrional du temple et des terrasses des maisons de ce quartier. Les plus audacieux en furent étonnés et se sentirent troublés à la vue de cette belle armée. Ils auraient sans doute renoncé à leur rebellion, s'ils avaient pu espérer obtenir des Romains le pardon de leurs crimes, mais n'ayant en perspective que l'horreur des supplices qu'ils méritaient, ils préférèrent mourir les armes à la main. Dieu permettait qu'il en fût ainsi, pour que la ruine de Jérusalem fût enveloppée dans celle des coupables.

Titus attendit pendant quatre jours les propositions de paix qu'il pensait que les Juifs lui feraient; mais se voyant déçu dans cette espérance, il fit dresser deux batteries à la fois contre le troisième mur, au moyen de deux terrasses que ses soldats construisirent : l'une près de la jonction de ce mur avec la forteresse Antonia, et l'autre près du sépulcre du pontife Jean. Les Juifs ne laissaient pas que de les incommoder très-fort dans ce travail, surtout au moyen de leurs machines dont ils avaient peu à peu appris à se servir habilement. Ils avaient construit trois cents de ces grosses arbalettes qu'on nommait balistes, et qui lançaient des dards énormes, et quarante machines à lancer des pierres.

Bien qu'il ne doutât point que la place ne pouvait manquer de tomber en son pouvoir, Titus désirait surtout en prévenir la ruine : il se décida, en conséquence, à employer la voie de la raison pour convaincre les factieux de la folie de leur résistance. Il jeta pour cet objet les yeux sur Josèphe, qu'il jugeait plus propre que tous les autres à les persuader, parce qu'il était de leur nation et qu'il parlait leur langue. En conséquence de cet ordre, Josèphe fit le tour de la ville et choisit un lieu élevé hors de la portée des traits, mais d'où les assiégés pouvaient l'entendre. De là, il les exhorta à avoir compassion d'eux-mêmes, du peuple, du temple et de leur patrie; il leur représenta qu'il serait étrange qu'ils eussent plus de dureté pour eux-mêmes que n'en avaient les étrangers, leurs ennemis; que les Romains étaient si religieux qu'il leur répugnait de profaner ou de détruire le temple en y portant la guerre; qu'à plus

forte raison eux, qui avaient été instruits dès leur enfance à le ré-
vérer, devaient-ils s'employer de tout leur pouvoir à le conserver,
et non pas à travailler à le détruire ; que leurs meilleurs remparts
étaient au pouvoir de l'ennemi, et qu'il ne leur en restait plus que
le plus faible, derrière lequel ils ne pouvaient se flatter de tenir
tête aux Romains ; que ceux auxquels ils les engageait à se soumettre n'étaient pas une puissance méprisable, mais les maîtres de
la terre, des hommes à la domination desquels n'avaient échappé
que les contrées que leur excessive chaleur ou leur climat glacé
rendaient inhabitables ou inutiles à ceux qui les conquéraient.

« Dieu, leur dit-il, qui tient dans ses mains l'empire du monde,
après l'avoir, dans la suite des siècles, donné à diverses nations,
l'a enfin fixé dans l'Italie. Vos ancêtres n'ont pas cru qu'il y eût de
la honte à se soumettre à ces invincibles conquérants, que Dieu
conduisait comme par la main à la souveraine puissance : sur quoi
vous fonderiez-vous donc pour continuer de résister, aujourd'hui
que les Romains sont déjà maîtres de la plus grande partie de la
ville, et que, lors même qu'ils s'abstiendraient désormais de tout
acte d'agression, le reste ne pourrait manquer, avant peu de jours,
de tomber aussi entre leurs mains, ou de périr par la famine, ce
fléau le plus redoutable de tous les fléaux, parce que ses forces et
son intensité vont toujours en croissant. Elle consume déjà le peuple, et atteindra bientôt les gens de guerre, à moins qu'ils ne trou-
vent le moyen de la combattre, ce qui est impossible. »

Josèphe promit ensuite, au nom de Titus, que ce prince ou-
blierait tout le passé, pourvu que les Juifs ne persistassent pas
dans leur opiniâtreté, parce qu'il désirait, avant tout, sauver la
ville, et qu'il préférait à cet avantage la vaine satisfaction de suivre
les mouvements de sa colère. « Cependant, ajouta-t-il, si vous
méprisez ces offres, si, par vos refus, vous insultez cet excellent
prince, vous vous rendrez indignes de tout pardon, et nul d'entre
vous ne pourra s'attendre à être épargné. »

Les larmes et les sanglots lui coupèrent la parole : mais il ne
put ni fléchir, ni persuader les factieux ; cependant le peuple en
fut ému et pensa à se préserver de tant de maux par la fuite. Plu-

sieurs vendirent ce qu'ils avaient de plus précieux pour un peu
d'or, qu'ils avalèrent, puis se retirèrent chez les Romains, qui leur
permettaient d'aller où bon leur semblait. Cette faveur excitait le
désir de fuir dans ceux qui étaient encore dans la ville, et beaucoup
d'entre eux s'en échappèrent ; mais Jean et Simon mirent obstacle
à ces émigrations, en ordonnant à leurs corps de garde de tuer
tous ceux qui tenteraient de se rendre au camp des Romains. Cependant il y avait égal danger à demeurer dans la ville et à vouloir
fuir : il suffisait qu'on passât pour avoir quelque bien, pour être
exposé aux violences des factieux ; leur fureur croissait avec la
famine ; et de jour en jour ces deux maux devenaient plus terribles
et plus insupportables. Comme on ne voyait plus de blé nulle part,
les soldats entraient de force dans les maisons pour y en chercher.
S'ils en trouvaient, ils maltraitaient ceux auxquels il appartenait,
pour les punir de ne l'avoir pas déclaré ; s'ils n'en trouvaient pas,
ils mettaient les habitants à la torture, pour les forcer à livrer celui
qu'on supposait qu'ils avaient ; il suffisait de se bien porter pour
passer à leurs yeux pour coupable de ce crime. Quant à ceux qu'ils
trouvaient exténués par la faim, ils laissaient à celle-ci le soin de
leur éviter la peine de les tuer. Des gens riches vendirent tous leurs
biens pour une mesure de froment ou d'orge ; ils s'enfermaient
ensuite dans les lieux les plus reculés de leur maison, où les uns
mangeaient ce grain sans qu'il fût moulu, et les autres se donnaient
à peine le temps et le soin de le mettre en farine. On ne voyait
plus nulle part des tables dressées ; mais chacun mangeait à la hâte
et avec anxiété ce qu'il avait pu se procurer. La misère était
affreuse pour tous, excepté pour ceux qui avaient les armes à la
main. La faim faisait oublier et éteignait dans les cœurs les sentiments les plus sacrés et les plus profonds : les femmes arrachaient
le pain des mains de leurs maris, les enfants des mains de leurs
parents ; et, ce qui est plus inconcevable, les mères des mains de
leurs enfants. Et cette nourriture si honteusement acquise, on ne
pouvait même en jouir en sécurité, et sans se voir exposé à en être
privé par la force ; car aussitôt qu'une maison était fermée, les factieux, soupçonnant que ceux qui y étaient avaient des vivres et se

cachaient pour manger, y pénétraient en en brisant les portes, et venaient ôter les morceaux de la bouche à ceux qu'ils trouvaient à manger. On frappait les vieillards qui refusaient de livrer leur nourriture ; on prenait à la gorge les femmes qui cachaient ce qu'elles avaient dans les mains ; on arrachait les enfants du sein de leurs mères et on les lançait contre les murs ; il n'y avait point de tourments qu'ils n'inventassent pour extorquer aux infortunés habitants des vivres qu'ils supposaient recélés par eux ; ils pendaient les hommes par les parties les plus sensibles à la douleur ; on leur enfonçait dans les chairs des bâtons pointus, et il n'y avait point de douleur ni de torture qu'on hésitât de leur faire souffrir, souvent pour leur arracher le secret du lieu où ils avaient caché un pain. Ils enlevaient même aux pauvres les herbes qu'ils allaient cueillir la nuit au péril de leur vie, et se montraient sourds aux plaintes de ces malheureux qui suppliaient, au nom de Dieu, pour qu'on leur en laissât au moins quelque petite partie, croyant même leur faire une grande grâce en ne les tuant pas, après les avoir dépouillés. Si les pauvres étaient traités ainsi, les riches n'étaient pas plus heureux : on les menait aux chefs des factieux, qui les faisaient mourir sous les prétextes les plus futiles, et dans les plus affreux supplices. Je ne crois pas que depuis la création du monde on ait vu quelque autre ville tant souffrir, ni des hommes aussi méchants et aussi cruels que les factieux. Ils peuvent se vanter que c'est à eux qu'est due la ruine de Jérusalem et non aux Romains : ils virent brûler la ville haute sans en témoigner la moindre douleur et sans verser une larme, alors que les Romains eux-mêmes étaient émus au spectacle de tant de maux.

Cependant, malgré tous les efforts que les Juifs faisaient pour s'y opposer, le travail des plates-formes avançait toujours. Titus envoya une partie de sa cavalerie dans les vallées enlever ceux des assiégés qui sortaient de la ville pour chercher des herbes ; il y avait dans ce nombre des soldats auxquels le produit de ce qu'ils arrachaient par force aux habitants ne suffisait pas ; le reste se composait de pauvres gens que la crainte de laisser leurs femmes et leurs enfants exposés à la rage des factieux, empêchaient de s'enfuir, et que la faim contraignait de chercher ces aliments. La nécessité et la crainte du supplice les obligeaient de se défendre lorsqu'ils étaient découverts et attaqués : ils passaient dès-lors pour factieux, et étaient condamnés à être crucifiés. Il y avait en cela d'autant plus de cruauté qu'on en prenait jusqu'à cinq cents par jour; mais, comme ils avaient été pris les armes à la main, on ne pouvait ni les traiter comme des citoyens paisibles et les relâcher, ni les renvoyer dans la ville, ni les garder, ce qui eût été un embarras. Titus espérait d'ailleurs que la vue d'un spectacle si terrible effraieraient les factieux ; car les soldats romains, excités par la haine et la colère, faisaient souffrir aux suppliciés, avant qu'ils n'expirassent, tous les raffinements de la torture. A peine pouvait-on faire assez de croix, et trouver de la place pour les planter. Mais tous ces maux ne faisaient qu'exaspérer davantage les factieux : ils attachaient avec des cordes les parents et les amis de ceux qui s'étaient enfuis et ceux qui passaient pour désirer le plus vivement la paix, et, les amenant sur les murailles, leur montraient cette forêt de croix, et leur faisaient voir que ceux qui se réfugiaient chez les Romains n'y trouvaient pas même la captivité, mais les plus cruels supplices. Ce moyen leur réussit et arrêta quelques-uns de ceux qui avaient l'intention de fuir; mais il ne tarda pas à devenir impuissant à remplir ce but, et la mort que l'on trouvait chez les ennemis parut bientôt douce en comparaison des maux que faisaient endurer la faim et les violences des factieux. Titus fit couper les mains à quelques-uns et les envoya en cet état à Simon et à Jean de Giscala, pour leur faire voir, par ce cruel traitement, que les gens qu'il leur envoyait n'étaient pas des transfuges, et afin que la parole de ces malheureux eût plus d'autorité, quand ils viendraient de sa part avertir les factieux de cesser de le contraindre de ruiner la ville, et de penser afin à sauver leur vie, leur patrie et leur temple, le plus beau du monde.

Mais, au lieu d'écouter ces avis, les factieux vomissaient, du haut des murailles, mille imprécations contre Vespasien et contre Titus, criant qu'ils méprisaient la mort, qu'ils la préféraient à une honteuse servitude, et qu'ils conserveraient jusqu'au dernier sou-

pir le désir de faire aux Romains le plus de mal qu'ils le pourraient. Quant à leur patrie, il disaient que puisque Titus lui-
même la regardait comme perdue, ils auraient tort de s'en mettre
en peine ; et quant au temple, Dieu en avait un autre infiniment
plus grand et plus admirable, puisque le monde entier était son
temple : ce qui n'empêchait pas d'ailleurs qu'il ne pût conserver
celui qu'il s'était fait construire et qu'il avait choisi dans Jérusalem ; et qu'ayant Dieu pour défenseur, ils se moquaient de ces menaces des Romains.

Il y avait dix-sept-jours que Titus faisait travailler à ses terrasses, quand elles furent enfin achevées. La cinquième légion en
avait construit une vis-à-vis la forteresse Antonia. La douzième en
fit une autre, distante de la première de vingt coudées ; celles du
nord furent faites ; l'une, proche du sépulcre du pontife Jean, par
la cinquième légion ; et l'autre, à trente coudées de là, par la
dixième légion, celle dont on faisait le plus de cas. Mais à peine
ces travaux furent-ils achevés, et les machines eurent-elle été
plantées dessus, que Jean fit pousser une mine vers la terrasse
élevée vis-à-vis de la forteresse Antonia, soutenir la terre avec des
pieux, et y apporter une très-grande quantité de bois enduit de
poix résine et de bitume. On y mit le feu, et aussitôt que les étais
furent consumés, la terrasse s'écroula avec un grand bruit : la
flamme fut d'abord étouffée sous le monceau de matières écrou-
lées ; mais, dès qu'une partie en eut été consumée, elle se fit jour
et éclata avec violence. Un tel accident, survenu au moment où
les Romains se croyaient sur le point d'emporter la place, les
étonna d'abord et les jeta dans le decouragement.

Deux jours après, Simon attaqua les trois autres terrasses sur
lesquelles les assiégeants avaient déjà dressé leurs béliers et commencé à battre la muraille. Trois de ses soldats se distinguèrent
entre tous en cette occasion : des flambeaux à la main, ils se précipitèrent au milieu des ennemis, à travers une grêle de flèches,
percèrent les rangs des Romains, et ne se retirèrent qu'après avoir
mis le feu à leurs machines. La flamme s'éleva rapidement : à
cette vue, les Romains accourent de leur camp au secours de leurs

camarades. Mais les Juifs les repoussaient à coups de flèches du
haut des murs, et, sans crainte du danger, en venaient aux mains
avec ceux qui s'avançaient pour éteindre le feu, et arracher aux
ennemis leurs machines embrasées ; mais les Juifs, pour les en
empêcher, demeuraient dans les flammes sans lâcher prise, quoique le fer dont les béliers étaient armés fût tout brûlant. L'incendie se communiqua aux terrasses, sans que les Romains pussent y
porter remède ; enfin, environnés de feu, et désespérant de pouvoir sauver leurs machines et leurs travaux, ils rentrèrent dans
leur camp. Cette retraite accrut l'audace des Juifs ; renforcés par
ceux qui accouraient de la ville, et ne doutant pas de la victoire,
ils se ruèrent sur les corps-de-garde des Romains ; mais ceux auxquels ces postes avaient été confiés, et qui ne pouvaient, sous
peine de mort, les abandonner, sortirent en armes et se portèrent
au-devant des Juifs pour arrêter leur effort : cet acte de courage
fit honte à ceux qui fuyaient, ils firent volte face et aidèrent leurs
camarades à soutenir le choc des ennemis. Ceux-ci chargeaient en
désespérés ; et, comme des bêtes féroces, se jetaient sur la pointe
des javelots des Romains et les heurtant de toute la force de leur
corps et de toute l'impétuosité que leur imprimait leur course, les
forçaient de reculer.

Titus, voyant ses soldats plier, leur reprocha vivement leur
lâcheté, et, se mettant à la tête de quelques-unes de ses meilleures
troupes, chargea les Juifs en flanc. Mais ils firent face et se défendirent courageusement, et une horrible mêlée s'engagea. Les
factieux tenaient ferme, plus par désespoir que par confiance en
leurs propres forces ; quant aux Romains, enflammés de colère et
de honte d'avoir cédé une première fois, ils combattaient comme
des lions : la victoire leur demeura, victoire attristée par le spectacle de leurs ouvrages et de leurs machines brûlés et ruinés.

Dans ces circonstances si graves, Titus crut devoir s'éclairer
des conseils de ses principaux officiers : les plus téméraires proposèrent de faire donner un assaut général ; ils observaient que jusqu'alors il n'y avait eu que des affaires partielles, où des corps
d'armée avaient seuls donné, mais que si les Juifs étaient atta-

qués à la fois par l'armée romaine, ils seraient dans l'impossibilité de faire face partout simultanément. Les plus prudents étaient d'avis de se contenter de bloquer la place : *la faim, plus redouta-ble que le fer*, disaient-ils, *ne tarderait pas à dompter les assiégés.*

Titus, estimant que dans l'un et l'autre de ces avis il y avait du bon, résolut de chercher à les concilier : il décida que Jérusalem serait environné d'un mur de circonvallation, qui, enfermant les Juifs dans leurs murailles, arrêterait désormais leurs sorties et les empêcherait en même temps de se procurer des vivres. Mais tout en les bloquant, il voulut que l'on continuât à les attaquer vigoureusement, et que l'on reconstruisît de nouvelles terrasses sur les ruines de celles que les Juifs venaient de détruire. Il ajouta, pour encourager et rassurer ceux que la construction d'un ouvrage tel qu'un mur de circonvallation autour de toute la ville, effrayait, qu'ils devaient considérer que les choses faciles n'étaient pas dignes des Romains ; que les grandes nations demandaient un grand travail ; et qu'il n'appartenait qu'à Dieu de faire sans peine ce qui paraît impossible aux hommes.

L'ouvrage fut reparti entre les divers corps de l'armée ; et l'on vit aussitôt éclater une émulation extraordinaire, chacun travaillant et s'empressant, et n'aspirant qu'à mériter les éloges de ses chefs. Titus surveillait tous ces travaux, guidant, louant et encourageant ou réprimant chacun selon qu'il le méritait : il ne se passait pas de jour qu'il ne visitât ces ouvrages à diverses reprises. Le mur de circonvallation commençait au camp des Assyriens, où Titus avait pris son quartier ; il passait par la vallée de Cédron, par la montagne des Oliviers qu'il enfermait du côté du midi, par la vallée de Siloé, le long de la montage sur laquelle Pompée avait autrefois établi son camp, et, en remontant vers le nord, environnait le bourg d'Eré-binthon, et de là regagnait le lieu où il avait commencé. Il avait trente-neuf stades de circuit et était flanqué de treize forts ; mais, ce qui serait incroyable si l'on ne se rappelait qu'il est question des Romains, tout ce grand ouvrage qu'un autre peuple n'eût achevé tout au plus qu'en trois mois, fut commencé et achevé en trois jours. Quand la ville fut ainsi environnée de toutes parts de ce mur, on mit des garnisons dans les forts ; et toute l'armée, divisée en trois corps, y passait successivement les nuits à y monter la garde : Titus veillait la première nuit ; Tibère Alexandre la seconde, et un autre chef la troisième ; les soldats veillaient de même de trois nuits l'une.

Ce nouveau système d'attaque jeta les Juifs dans le désespoir ; la famine, qui de jour en jour devenait plus intense, dévorait des familles entières. Les rues et les maisons étaient pleines de cadavres de femmes, d'enfants et de vieillards. On voyait des jeunes gens, le corps tout enflé, languissants, parcourir la ville en chantant, plus semblables à des spectres qu'à des hommes ; le moindre choc les faisait tomber, et presque toujours cette triste chute était mortelle, parce qu'ils n'avaient plus la force de se relever. On ne se donnait plus la peine d'ensevelir les morts ; il y en avait tant qu'on n'avait plus la force de le faire ; et d'ailleurs chacun s'en souciait peu, se voyant lui-même à la veille de mourir. Quelques-uns essayaient de rendre ce pieux devoir à leurs proches ; mais presque tous mouraient en s'en acquittant ; d'autres, plongés dans un morne désespoir, se traînaient comme ils pouvaient jusqu'au lieu de leur sépulture, se couchaient d'eux-mêmes dans leur tombe, et y attendaient la mort. Du reste les pleurs avaient cessé, les gémissements ne se faisaient plus entendre, quelque affreuse que fût la misère : l'horrible faim étouffait tout autre sentiment. Ceux qui vivaient regardaient les morts avec des yeux secs, et leurs lèvres, toutes gonflées et toutes livides, semblaient avoir déjà rendu le dernier soupir. Le silence de la tombe s'était déjà étendu sur cette ville infortunée : nul bruit ne l'interrompait, et l'on eût dit que Jérusalem était déserte et ensevelie dans une nuit profonde.

Et cependant les factieux, principale cause de cette affreuse misère, plus cruels et plus impitoyables que la faim, entraient dans les maisons transformées en sépulcres, dépouillaient les morts de leurs vêtements, et ajoutant la raillerie à leur épouvantable inhumanité, essayaient la pointe de leurs tranchantes épées sur ceux qui respiraient encore, mais qu'ils voyaient sur le point de mourir; car, ceux qui leur paraissaient avoir encore quelque temps à vivre,

par une cruauté qui était la même au fond, mais toute contraire
dans ses effets, ils leur refusaient avec mépris de les tuer et même
de leur prêter leurs armes, afin que ces infortunés pussent se rendre à eux-mêmes ce triste service, et se délivrer promptement des
angoisses de l'agonie et de la faim. Les mourants, en expirant,
tournaient les yeux vers le temple, et maudissaient ces scélérats
qui le profanaient ainsi. Les factieux faisaient d'abord ensevelir
les morts, pour se délivrer de l'odeur qu'ils exhalaient; mais bientôt ils n'y purent plus suffire, et ils se contentèrent alors de les
jeter par-dessus les murs dans les vallées. Lorsque Titus fit le tour
de la place et qu'il vit ces vallées pleines de cadavres, et l'étrange
spectacle de tous ces corps en putréfaction, et qu'il respira l'air
infect qui s'en exhalait, il poussa un profond soupir, et levant les
mains au ciel, prit Dieu à témoin qu'il n'était pas cause de ces
horreurs.

Les Romains, n'ayant plus à craindre les sorties des assiégés que
la faim, aussi bien que le mur de circonvallation, arrêtait dans
l'enceinte de leur ville, se tenaient en repos dans leur camp où ils
ne manquaient de rien, attendu qu'on apportait de la Syrie et des
provinces voisines tout ce dont ils pouvaient avoir besoin. Ils exposaient leurs provisions, et affectaient de manger sous les yeux
des assiégés, pour que le spectacle de cette abondance irritât en
eux le sentiment de la faim et de la misère. Mais rien n'émouvait
les factieux. Dans l'espoir de sauver au moins les restes de ce
pauvre peuple dont il avait pitié, Titus, pour hâter la fin du
siége, fit travailler à de nouvelles terrasses, malgré la peine extrême qu'il éprouvait à trouver du bois. En effet, les premières
terrasses avaient épuisé tous les matériaux qui se trouvaient autour de la ville, et il fallait que les soldats allassent en chercher
d'autres à quatre-vingt-dix stades du camp.

On commença donc à élever vis-à-vis de la tour Antonia, quatre
terrasses plus grandes que les premières, et Titus ne quittait pas
les travailleurs, pour les presser et accélérer la construction de ces
ouvrages qui devaient enlever aux factieux toute espérance, s'ils
étaient assez insensés pour en nourrir encore quelqu'une. Mais ils

étaient incapables de repentir : insensibles à la douleur comme si leurs âmes avaient été sans communication avec leurs corps, ils étaient aussi peu touchés de leurs propres souffrances que de celles de leurs frères : ils déchiraient, comme des chiens, les corps morts des hommes du peuple, et remplissaient les prisons de ceux qui respiraient encore.

Le sacrificateur Mathias aimait vivement le peuple, et lui était entièrement dévoué. Ne pouvant voir, sans une douleur et une indignation profonde, la tyrannie sous laquelle Jean de Giscala le faisait gémir, et espérant trouver un appui contre lui en Simon, il usa de son influence sur le peuple pour faire admettre ce chef, ne songeant même pas à rien stipuler pour sa sûreté personnelle, et comptant sur la reconnaissance que Simon lui devrait pour un si grand service. Il se trompa, et ne tarda pas à s'en apercevoir ; car, dès que ce factieux se vit maître de la ville, il le rangea au nombre de ses ennemis, et attribuant à sa simplicité le conseil qu'il lui avait donné de lui ouvrir les portes, il le fit accuser d'avoir des intelligences avec les Romains, et le condamna à mort, avec trois de ses fils, sans leur permettre seulement de se défendre et de se justifier. La seule grâce que ce vénérable vieillard demandait, en souvenir de l'obligation que lui avait Simon, c'était de mourir le premier : elle lui fut refusée par cet homme plus féroce que les tigres. Ses enfants furent mis à la question en sa présence ; lui-même, après avoir souffert tout ce que l'imagination féconde des bourreaux peut inventer de tortures, mêla son sang avec celui de ses fils, à la vue des Romains auxquels les factieux criaient par raillerie, qu'ils eussent à venir sauver Mathias, lui qui mourait pour avoir voulu leur livrer la ville. Pour mettre le comble à leur iniquité, les factieux refusèrent la sépulture aux corps de ces quatre malheureuses victimes.

Simon poursuivant ces méfaits, fit mourir plusieurs autres sacrificateurs, un grand nombre de personnages de distinction, et mettre en prison et maltraiter la mère de Josèphe.

Judas, l'un des officiers auxquels ce chef avait confié la garde et le commandement de la garnison d'une des tours de la ville,

indigné de tant de cruautés ; et poussé sans doute aussi par le désir
de pourvoir à sa propre sûreté, assembla ceux des soldats qui
étaient sous ses ordres, et auxquels il avait le plus confiance, au
nombre de dix, et leur tint un discours où il leur dépeignit avec
de vives couleurs tout ce que leur position avait de critique et de
désespéré : « La faim nous consume, leur dit-il ; les Romains sont
déjà maîtres de presque toute la ville : qu'est-ce qui nous empêche
de leur en remettre le tout, pour en sauver la partie que nous
occupons, et nous sauver nous-mêmes : ils gardent inviolablement
la foi jurée ; tandis que Simon n'est pas seulement ingrat et cruel,
mais il est le plus perfide des hommes. »

Simon eut avis de ce qui se passait : il accourut, fit tuer Judas
et ses complices à la vue des Romains, et jeta leurs cadavres du
haut des murailles.

Josèphe ne cessait pas d'exhorter ses compatriotes à éviter leur
ruine, en rendant une place qui leur était désormais impossible
de défendre : un jour que, longeant la muraille dans ce but, il
s'était trop approché des postes des assiégés, il fut blessé à la tête
d'un coup de pierre, qui le fit tomber et lui fit perdre connaissance. Des deux parts on accourut, les Juifs pour le prendre, les
Romains pour les en empêcher et pour les secourir. Mais, tandis
qu'on en était aux mains, on emporta Josèphe et on le ramena au
camp, encore évanoui. Croyant qu'il était mort, les factieux
poussèrent des cris de joie, et s'empressèrent d'en répandre aussitôt
le bruit dans la ville, ce qui jeta la consternation parmi la partie
paisible de la population, parce que c'était en son intercession que
mettaient toute leur espérance ceux qui méditaient de sortir de la
place. Sa mère que les factieux avaient jetée en prison, et qu'ils y
tourmentaient, fut plongée dans la désolation en apprenant cette
fatale nouvelle ; mais ses pleurs cessèrent bientôt de couler, car
Josèphe ne tarda pas à paraître au pied de la muraille, menaçant
les factieux et encourageant les habitants à rester fidèles aux
Romains. Autant cette réapparition fut agréable à ceux-ci, autant
les premiers en témoignèrent de déplaisir.

Les infortunés habitants de Jérusalem, en proie à la famine et aux fureurs des factieux, saisissaient avidement toutes les occasions, et s'ingéniaient à trouver des moyens de passer aux Romains : les uns se jetaient du haut des murailles, les autres feignaient de chercher des pierres, sous prétexte de s'en servir contre les assiégeants, et se sauvaient dans leur camp. Mais la plupart d'entre eux, en fuyant un mal, tombaient dans un autre souvent plus grand encore : les uns, pressés par une horrible faim, ne prenaient pas avec assez de précaution les aliments qu'ils trouvaient chez les Romains : leurs organes, épuisés par une longue abstinence, ne pouvaient les digérer, et ils périssaient dans de cruelles douleurs ; ceux-là seuls pouvaient éviter ces accidents qui ne mangeaient que peu à la fois, et qui habituaient petit à petit leurs organes à fonctionner de nouveau. D'autres dangers les attendaient dans ce cas. Nous avons vu que, avant de se sauver, les Juifs riches avalaient de l'or : car il y en avait une telle quantité dans la ville au moment où le siége commença, que la valeur en baissa subitement de moitié. Ceux qui s'étaient sauvés ainsi, et qui survivaient à cette crise que provoquaient les premiers aliments qu'ils prenaient après une longue abstinence, retiraient ensuite de leurs matières excrémentielles l'or qu'ils avaient avalé. Il arriva que des Syriens en surprirent quelques-uns dans cette triste opération ; et le bruit courut aussitôt dans le camp que les transfuges arrivaient le corps rempli d'or. Les Syriens et les Arabes se saisirent de plusieurs de ces malheureux, et leur fendirent le ventre pour leur fouiller les entrailles, et y chercher de l'or : quelque grandes qu'aient été les cruautés et les abominations qui vers cette époque fondirent sur cette infortunée nation, certes nulle d'elles ne fut comparable à celle-ci, car, dans une seule nuit, deux mille Juifs périrent de cette sorte.

Titus en fut informé, et il en conçut une telle horreur qu'il résolut de faire environner par sa cavalerie tous ceux qui n'avaient pas craint, poussés par la soif maudite des richesses, de se rendre coupables d'une telle atrocité : ce qui seul l'arrêta dans l'exécution de ce juste châtiment, ce fût qu'il se trouva que le nombre des coupables surpassait de beaucoup celui des morts. Il assembla néanmoins les chefs des troupes auxiliaires et même ceux des légions, car plusieurs soldats romains avaient pris part à ce crime.

« Comment peut-il se faire, leur dit-il, qu'il se soit trouvé parmi vos soldats des hommes qui, plus cruels que des bêtes sauvages, n'aient pas reculé d'horreur devant une telle abomination, et qui, dans l'espérance d'un gain incertain, aient commis un crime si détestable ? Quelle exécrable manière de s'enrichir ! Quoi ! les Arabes et les Syriens, dans une guerre qui ne les concerne pas, oseront commettre de telles actions d'inhumanité, et feront rejaillir sur le nom romain l'infamie qu'ils ont méritée ! »

Ne pouvant se résoudre à faire mourir un si grand nombre de de ses soldats, il se contenta de flétrir énergiquement leur crime ; il déclara, en outre, que si l'un d'eux était assez méchant pour oser désormais quelque chose de semblable, il lui en coûterait la vie ; il recommanda en même temps à ses officiers de veiller exactement pour que de pareils faits ne se renouvelassent pas. Mais la crainte du châtiment est bien faible contre la soif de l'or : on eût dit que Dieu, qui avait condamné ce misérable peuple à périr, avait tout disposé pour que même les mesures qui pouvaient ou devaient contribuer à son salut, tournassent à sa perte. L'ordre donné par Titus empêcha, à la vérité, que ce crime ne se commît publiquement, mais il ne put empêcher qu'il ne se commît en secret. Ces barbares, après s'être bien assurés qu'ils n'étaient pas aperçus des Romains, allaient au-devant de ceux qui fuyaient de la ville, et, les attirant à l'écart, leur ouvraient le ventre pour y chercher de l'or, et satisfaire, par cette horrible voie, leur ardente soif des richesses ; mais le plus souvent ils commettaient leurs crimes sans fruit : ils ne trouvaient rien, et leurs victimes périssaient en trompant leurs abominables espérances. Ce nouveau genre de misère, qui venait s'ajouter à tous ceux qui accablaient l'infortunée nation juive, empêcha un grand nombre d'assiégés de sortir de la ville pour se rendre aux Romains.

Les pillages des factieux avaient épuisé les dernières ressources des habitants : il vint un jour où cette ressource leur manqua ; ne trouvant plus rien dont ils pussent dépouiller leurs concitoyens, ils passèrent sans scrupule du vol ordinaire au sacrilége. Poussant l'impiété au-delà de tout ce qu'on avait vu jusqu'alors, ils ne craignaient pas de s'emparer des dons offerts à Dieu dans le temple, et de ce qui était destiné à la célébration du service divin, des coupes, des plats, des tables et même des vases d'or qu'Auguste et l'impératrice, sa femme, avaient offerts : car les empereurs romains avaient, en plusieurs circonstances, fait voir qu'ils révéraient ce temple, et qu'ils se plaisaient à l'enrichir de leurs présents. On vit donc un juif, Jean de Giscala, arracher de ce lieu saint ces marques de respect que lui avaient rendu des étrangers, et dire à ceux qui osaient se faire ses complices dans cet acte de suprême impiété, qu'ils ne devaient point se faire de scrupule d'user des choses consacrées à Dieu, puisque c'était pour Dieu qu'ils combattaient. Il n'hésita pas davantage à prendre et à partager avec ses compagnons le vin et l'huile destinés par les prêtres à la célébration des sacrifices, et dont on avait amassé une certaine quantité dans les bâtiments intérieurs du temple.

J'ose le dire dans ma profonde douleur : si les Romains n'eussent pas été envoyés de Dieu pour punir par les armes de tels coupables, la terre, je crois, se serait ouverte pour dévorer cette malheureuse ville, ou un déluge l'eût englouti, ou le feu du ciel l'eût consumée, comme Sodome et Gomorrhe; car les abominations qui s'y commettaient, et qui en ont enfin amené la ruine, surpassaient celles qui contraignirent autrefois Dieu à faire éclater sa colère de ces trois manières. J'essaierai en vain de rapporter tous les maux qui accablèrent Jérusalem durant ce siége, on en pourra cependant juger par ce qui suit : un officier juif, nommé Manée, qui s'était retiré chez les Romains, affirma à Titus que, du 14 avril au 1er juillet, on avait emporté cent-quinze mille huit cent quatre-vingt-quinze morts par la porte où il commandait; et pourtant il n'avait compté, non pas tous ceux qui passaient, mais seulement ceux dont il était obligé d'en savoir le nombre, à cause d'une distribution journalière dont il était chargé : c'étaient ceux que les factieux avaient fait ensevelir; quant aux autres, leurs parents prenaient soin de leur sépulture, c'est-à-dire de les porter hors des murs, car c'était toute celle qu'on pouvait leur accorder. Les récits des autres transfuges n'étaient pas moins effrayants : ils assuraient que le nombre de ceux que les factieux avaient fait emporter n'était pas moindre de six cent mille, qu'il y avait de même un nombre énorme de gens que leurs parents s'étaient chargés d'ensevelir ; et que, dans les derniers temps, le nombre des morts était devenu tellement grand, qu'on avait été réduit, pour toute sépulture, à les accumuler dans de grandes maisons, dont on fermait ensuite la porte. Le boisseau de blé vallait un talent (6,172 fr.) ; depuis la construction du mur de circonvallation, les pauvres ne pouvaient plus chercher d'herbes hors de la ville, étaient réduits à une telle misère qu'ils allaient jusque dans les égoûts chercher de vieille fiente de bœuf pour s'en nourrir ; et que la faim les poussait à se repaître d'aliments dont la vue seule soulevait le cœur. Ces récits touchaient de compassion les Romains ; mais les factieux en voyaient la réalité, sans se repentir d'en être la cause, parce que Dieu les aveuglait au point qu'ils n'apercevaient plus même le précipice dans lequel ils allaient tomber avec cette ville infortunée.

CHAPITRE V.

—

Lafureur de ces hommes croissait avec les maux dont leur patrie était accablée : c'est que, malgré leurs pillages, ils n'en souffraient pas moins de cette misère générale, qui avait déjà dévoré une grande partie du peuple, et qui réduisait à la dernière extrémité ce qui en restait. Leurs marches dans la ville et leurs sorties étaient même retardées par les monceaux de cadavres qui encombraient les rues, aussi haut et aussi nombreux que si quelque grande bataille eût été donnée dans l'enceinte de la ville. Mais, dans l'endurcissement de leur cœur, les factieux ne se sentaient point émus de cet affreux spectacle ; ils oubliaient même que bientôt eux-mêmes seraient appelés à augmenter le nombre de ceux qu'ils foulaient ainsi aux pieds avec tant d'inhumanité. Ils venaient, dans une guerre civile, de souiller leurs mains dans le sang de leurs frères, et maintenant ils ne pensaient qu'à faire la guerre aux Romains.

Cependant, malgré la difficulté qu'il y avait à se procurer le bois nécessaire, les nouvelles terrasses étaient achevées ; mais aussi tous les arbres avaient été arrachés à quatre-vingt-dix stades à la ronde, et il n'en restait plus un seul qui fût debout, dans ce pays qui auparavant était l'un des plus boisés du monde. C'est ainsi que la guerre avait ravagé une contrée naguerre si favorisée de Dieu, et qui maintenant ne conservait plus le moindre signe de son ancienne splendeur, au point que l'on pouvait se demander dans Jérusalem où était donc Jérusalem.

Ces nouvelles plates-formes étaient également, quoique pour des raisons différentes, l'objet de la sollicitude des assiégeants et des assiégés : les Juifs se croyaient perdus s'ils ne parvenaient à les brûler promptement ; et les Romains n'espéraient pas de pouvoir en réparer la perte, si, par malheur, elles venaient à être brûlées comme les premières ; tant parce que le bois leur manquerait, que parce qu'ils étaient tellement las de ces travaux et de tout ce qu'ils avaient eu d'ailleurs à souffrir, qu'ils commençaient à se décourager. Ils avaient vu, il est vrai, leurs machines enlevées ou détruites ; leurs travaux ruinés ; leurs béliers ne pouvant entamer des murs d'une épaisseur et d'une solidité extraordinaires ; leurs camps attaqués et presque forcés, et avaient en face des adversaires que ni la douleur, ni la mort, ni les horreurs de la famine ne pouvaient dompter ; dont les corps de fer avaient résisté aux fatigues, aux privations d'un long siége, aux blessures, à des travaux et à une activité incessants ; qui, toujours sous les armes, lassaient des assiégeants qui se relevaient et ne combattaient que tour à tour ; et puis, enfin, s'élevant au dessus de tant de maux, devenaient de jour en jour plus audacieux et plus ardents.

Jean de Giscala, à la garde duquel était confié la forteresse Antonia, pour empêcher les Romains de faire brèche, ne perdit pas de temps à se fortifier et à tenter toutes les voies avant que des béliers ne fussent en batterie. Il fit une sortie le premier juillet pour mettre le feu aux terrasses ; mais il fut repoussé faute d'ensemble dans les mouvements de l'attaque : au lieu de donner tous à la fois et avec cette audace et cette résolution que les Romains avaient déjà admirés en eux, les Juifs ne sortirent que par petites troupes et avec crainte. Ils trouvèrent, au contraire, les assiégeants mieux préparés que jamais à les recevoir ; ils étaient si pressés les uns contre les autres, ils s'étaient si bien couverts de leurs boucliers qui transformaient leur premier rang en un mur de fer, qu'il fut impossible aux Juifs de pénétrer jusqu'aux terrasses et d'y met-

tre le feu. Les Romains étaient d'ailleurs décidés à se laisser tuer
sur place plutôt que de lâcher pied : ne voulant pas qu'il fût dit
que le courage avait été vaincu par la témérité et la surprise, l'ex-
périence par la multitude indisciplinée, et des Romains par les
Juifs; ils savaient, en outre, que, s'ils laissaient brûler leurs travaux,
il n'y aurait plus pour eux de moyen de réparer cette perte. Les
assiégés rentrèrent donc dans leur ville, blessés, vaincus, décou-
ragés et s'accusant les uns les autres de lâcheté. Les Romains profitèrent de cet instant pour faire avancer les béliers, les mettre en
batterie et attaquer la tour Antonia. Les Juifs avaient une entière
confiance dans la solidité de cette forteresse; cependant, ne voulant rien négliger pour en éloigner les machines, ils employèrent
à cet effet le fer et le feu. Mais d'autre part, les Romains puisaient,
dans cette résistance même, des motifs de persister dans leurs
moyens d'attaque, parce qu'ils croyaient que l'ardeur des Juifs tenaient à ce qu'ils se défiaient de leurs murailles. Ils ne tardèrent
pas à perdre cette illusion ; quelle que fût la violence des béliers,
ils ne produisaient aucun effet : ils résolurent donc d'employer la
sape ; et se couvrant de leurs boucliers en forme de tortue pour se
préserver des projectiles des assiégés, ils travaillèrent avec tant
d'opiniâtreté, en se servant des leviers et de leurs mains, qu'ils
ébranlèrent quatre des pierres des fondements de la tour. La
nuit obligea les uns et les autres à prendre un peu de repos ; mais,
pendant ce temps, survint un accident imprévu qui amena de
grands changements dans le projet des uns et des autres : la partie du mur sous laquelle passait la mine au moyen de laquelle Jean
avait ruiné les premières terrasses, se trouvant affaibli dans les
fondements par le passage de la mine, s'ébranla sous les secousses
du bélier et s'écroula vers le milieu de la nuit. A cette vue, les
Romains firent éclater leur joie ; mais ils ne tardèrent pas à changer de sentiment lorsque le jour fut venu et qu'ils s'aperçurent que
les Juifs, prévoyant cette chute, avaient construit d'avance un second mur derrière celui qu'ils voyaient menacer de s'écrouler. Ils
espéraient néanmoins que ce second mur, fraîchement construit,
et rendu d'ailleurs accessible par les ruines du premier, ne pour-

rait résister long-temps. Cependant telle était l'opinion que la guerre
leur avait donné des Juifs qu'aucun d'eux n'osait se présenter pour
monter le premier à l'assaut, convaincus qu'ils étaient tous qu'aucun soldat des premiers rangs n'en reviendrait. Titus, pressentant
ces dispositions, assembla ceux d'entre eux qui étaient connus pour
les plus braves, et leur adressa une allocution vive et éloquente
pour ranimer leur courage ébranlé par ces luttes si longues, si
sanglantes et de si peu de résultat.

Quelque encourageantes que fussent ces paroles, les Romains
s'étaient fait une telle idée de la grandeur du péril, qu'aucun d'eux
n'osa se présenter pour monter à l'assaut. Mais un Syréen, nommé
Sabinus, s'offrit pour cette action héroïque : son aspect n'était rien
moins que guerrier ; il était maigre, basané, de petite taille et de
faible complexion; cependant, sous cette humble apparence, bril-
une âme noble et généreuse. Il s'approcha de Titus.

» Je m'offre avec joie, grand prince, dit-il, pour monter le premier à l'assaut et pour exécuter vos ordres ; puisse votre fortune
seconder ma résolution. Mais lors même que je ne réussirais pas
tout-à-fait et que je mourrais avant d'avoir atteint le haut de la
brèche, je n'en aurais pas moins atteint mon but, puisque je
ne me propose que la gloire et le bonheur de consacrer ma vie
à votre service. »

A ces mots, il saisit son bouclier de la main gauche, s'en couvrit la tête ; et, tenant son épée à la main droite, il monta à l'assaut, suivi de onze autres qui voulurent imiter son exemple. Il s'a-
vança néanmoins beaucoup plus qu'eux, avec une audace surhu-
maine; à travers une grêle de flèches que lui lançaient les ennemis,
et de grosses pierres qu'ils faisaient rouler sur lui; et dont plusieurs
renversèrent quelques-uns de ceux qui essayaient de le suivre. Mais
rien ne pouvait ni l'étonner, ni ralentir ses pas : il marchait toujours et parvint jusqu'au sommet du mur : les Juifs, ne pouvant
croire qu'il fût seul, et s'imaginant qu'il était suivi d'un corps de
troupes nombreux, effrayés d'ailleurs d'une valeur si prodigieuse,
abandonnèrent la brèche. Malheureusement, par un de ces revers
contre lesquels la divine Providence se plaît par fois à faire échouer

les œuvres les plus grandes et qui semblent le mieux assurées du succès, Sabinus, après avoir si glorieusement commencé son entreprise, rencontra une pierre qui le fit tomber. Au bruit de sa chute, quelques ennemis se retournèrent, ils virent qu'il était seul et renversé par terre : ils l'entourèrent alors et se mirent à lui lancer des traits, et à le frapper ; mais lui, sans que son grand courage fût en rien abattu, à genoux, toujours couvert de son bouclier et son épée à la main, se défendit si vigoureusement qu'il blessa plusieurs de ceux qui avaient osé approcher de lui ; enfin, accablé de coups, perdant tout son sang par ses blessures, il s'affaiblit peu à peu jusqu'à ce qu'il ne put plus tenir son épée : les Juifs se ruèrent alors sur lui et l'achevèrent.

De onze soldats qui l'avaient suivi, trois parvinrent presque au haut de la brèche, où ils périrent sous une grêle de pierres ; quant aux huit autres, ils furent rapportés blessés dans le camp.

Deux jours après, c'est-à-dire le 8 juillet, vingt des soldats qui gardaient les terrasses, une enseigne de la cinquième légion et deux cavaliers se réunirent, prirent une trompette, et, vers la neuvième heure de la nuit montèrent en silence par la brèche du mur jusqu'à la forteresse Antonia. Ils trouvèrent les soldats du corps-de-garde endormis, les égorgèrent, et, se voyant ainsi maîtres du mur, sonnèrent de la trompette. A ce bruit, les autres corps-de-garde croyant avoir affaire à un grand nombre d'assaillants, s'enfuirent épouvantés. Dès que Titus eut avis de cet événement, il se fit suivre de quelques troupes et de ses gardes, et monta sur la brèche, tandis que les Juifs, pris à l'improviste et tout déconcertés, se sauvaient les uns dans le temple, les autres par la mine que Jean de Giscala avait fait creuser pour ruiner les plates-formes. Mais ce dernier, ainsi que Simon, comprenant qu'ils étaient perdus si le temple tombait entre les mains des Romains, se réunirent avec leurs plus braves soldats et firent des efforts incroyables pour repousser les Romains. La lutte fut acharnée et la mêlée sanglante : serrés les uns contre les autres, les combattants ne pouvaient faire usage de leurs armes de jet ; mais confondant leurs rangs, sans pouvoir se reconnaître par leur langage au milieu du bruit et des cris qui s'élevaient de toutes parts, ils se battaient à coup d'épée; et, comme on ne pouvait combattre qu'en foulant aux pieds les morts et les blessés, et qu'il n'y avait de place ni pour fuir ni pour poursuivre, l'on n'avançait et l'on ne reculait qu'autant que l'on contraignait les adversaires de céder ou que l'on y était contraint par eux. C'était un flux et reflux perpétuel d'hommes réduits à tuer ou à être tués; parce que ceux qui suivaient les premiers rangs les pressaient si fort qu'il ne restait entre eux aucun intervalle. Le combat se maintint ainsi avec la même ardeur, durant dix heures de suite, jusqu'à ce qu'enfin la fureur opiniâtre et le désespoir des Juifs l'emportassent sur la valeur et sur la discipline romaine. Titus se retira, se contentant, pour ce jour de s'être rendu maître de la forteresse Antonia.

Un capitaine romain, nommé Julien de Bithynie, homme d'une valeur, d'une adresse et d'une force de corps extraordinaires, donna, au moment de cette retraite, une preuve de ce que peut le courage et de l'ascendant qu'il exerce sur les hommes. Il s'élança au-devant des ennemis et au milieu d'eux avec une telle impétuosité qu'il les fit reculer jusqu'au temple. Tout fuyait devant lui, croyant avoir affaire à un être surnaturel; cependant il ne se contentait pas de les écarter de son épée, mais il tuait tous ceux qu'il pouvait joindre. Les Juifs étaient frappés de terreur, et Titus et les Romains d'étonnement et d'admiration. Mais il trouva sa perte dans le même accident que Sabinus : il tomba, et les Juifs, témoins de sa chute, l'environnèrent de toutes parts pour le tuer; tandis que les Romains, retirés dans la forteresse Antonia, poussaient de grands cris. Il s'efforça à différentes reprises de se relever, mais les Juifs l'en empêchèrent; néanmoins, et bien qu'il fût étendu par terre, il en blessa plusieurs de son épée, et se défendit long-temps en se couvrant la tête de son bouclier. Enfin, épuisé par la perte de son sang, il fut tué sans qu'aucun des siens fût assez osé pour aller le secourir.

Titus ne put voir, sans une douleur profonde, mourir ainsi devant ses yeux et en présence de son armée, sans qu'il fût possible de le secourir, un homme d'une valeur aussi héroïque. Les Juifs eux-mêmes admirèrent l'action de Julien, et emportèrent son corps avec honneur. Puis, près avoir encore une fois repoussé les Romains, ils les renfermèrent dans la forteresse Antonia.

Les Romains y ouvrirent une large brèche, afin d'en rendre l'abord plus facile. Cependant le peuple avait été excessivement affligé de n'avoir pu, le 17 juillet, célébrer la fête qui porte le nom de Endéléchisme, c'est-à-dire du brisement des tables ; Titus le sut, et il crut devoir en prendre occasion pour envoyer un nouveau message aux factieux. Il commanda donc à Josèphe d'aller vers Jean de Giscala, et, dans le cas où il persisterait dans sa folle résolution de résister, de lui proposer de sortir avec un tel nombre de gens que bon lui semblerait, et d'en venir à un combat décisif ; qu'il devait être las de profaner le lieu saint et d'offenser Dieu par tant de sacriléges ; qu'en attendant, il l'autorisait à choisir tous ceux de sa nation qu'il voudrait pour recommencer d'offrir à Dieu les sacrifices interrompus.

Pour se conformer à cet ordre, Josèphe monta sur un lieu élevé, d'où il désirait n'être pas entendu seulement de Jean, mais encore de tous les siens, et leur exposa l'objet de sa mission. Il n'oublia rien pour les conjurer d'avoir pitié de leur patrie, d'éviter l'horrible catastrophe de la ruine du temple que le feu menaçait déja, et de penser à rendre de nouveau à Dieu les adorations qui lui sont dues. Son discours émut le peuple ; mais personne n'osa ouvrir la bouche pour témoigner sa sympathie ; quant à Jean de Giscala, il n'y répondit que par des injures et des malédictions, en ajoutant qu'il ne craindrait jamais la ruine d'un temple et d'une ville qui étaient à Dieu. Il fut interrompu par Josèphe, qui reprit la parole et qui dit à haute voix, de manière à être entendu de tous : « Vous prenez sans doute un grand soin de conserver à Dieu cette ville pure, et d'empêcher la profanation des choses saintes ; et c'est ce qui vous donne lieu d'avoir pleine confiance en son assistance, vous qui n'avez pas craint de commettre les plus horribles impiétés, et d'employer à des usages profanes les victimes destinées au sacrifice. Quelle est votre démence, à vous qui avez empêché qu'on ne rendit à Dieu le culte et l'hommage perpétuels qui lui sont dus, et

qui osez encore vous flatter qu'il vous assistera dans cette guerre ;
ne rejetez pas sur les Romains l'horreur qu'inspirent justement vos
crimes ; aujourd' hui encore ils vous rappellent à l'observation de
nos lois et au rétablissement des sacrifices que vous avez interrompus. Quel étrange renversement des choses !... Quel douloureux
spectacle ! Des étrangers , bien plus , des étrangers qui nous font
la guerre, vous exhortent à cesser de commettre des impiétés ; et
vous, nés Juifs, élevés et instruits dès votre enfance dans nos
saintes lois , non-seulement vous faites obstacle à leurs bonnes in-
intentions, mais vous ne rougissez pas de vous déclarer leur ennemi mortel ? Voyez dans quelle extrémité , dans quel abime de
maux votre patrie est plongée : ne vous repentirez-vous pas , ne
suivrez-vous pas l'exemple d'un de nos rois? Vous savez que, quand
les Babyloniens envahirent la Judée avec une grande armée, Jé-
chonias , qui régnait en ce temps sortit volontairement de Jérusalem , alla au-devant d'eux et leur offrit sa femme et ses enfants pour
otages, afin d'empêcher la ruine de la ville, la profanation des choses saintes et l'embrasement du temple. Aussi toute notre nation ,
touchée de cet acte d'un sublime dévouement, en renouvelle-t-elle
le souvenir tous les ans, afin de passer de siècle en siècle , et de
rendre immortelle la acconnaissance d'un si grand bienfait. Bien
que vous soyez au bord du précipice, vous pouvez néanmoins encore vous sauver, en ne vous opiniâtrant pas à vous rendre indignes de ce pardon que , que je m'en fais garant , les Romains sont
prêts à vous accorder. Ne doutez pas de ma parole : considérez que
c'est un Juif qui vous la donne ; considérez le motif qui le porte à
vous le donner , et de la part de qui il se présente à vous. Dieu me
garde d'être jamais assez malheureux ou assez lâche pour oublier
d'où j'ai tiré ma naissance, et l'amour que je dois avoir pour les lois
de mon pays.

» Mais quoi! au lieu d'être touchés de mes paroles, vous revenez
à vos fureurs, et vous continuez à m'insulter ! Je le mérite sans
doute, puisque jagis contre l'ordre de Dieu en m'efforçant de faire
penser à leur salut des hommes que sa justice a condamnés. Les
prophètes n'ont ils pas prédit que cette ville infortunée serait dé-

truite, lorsque l'on verrait ceux qui ont l'avantage d'être nés Juifs, se souiller du meurtre de leurs frères ! Et ce temps n'est-il pas arrivé ? Voyez-le vous-mêmes : la ville et le temple même ne sont-ils pas remplis des corps de ceux que vous avez immolés à vos fureurs ? Aussi ne douté-je pas que Dieu ne se joigne aux Romains, pour vous purifier par le feu et vous faire expier tant de crimes et d'abominations. »

Mais ces scélérats ne leur répondirent que par des injures ; et, plus furieux que jamais, choisirent, pour y placer les machines avec lesquelles ils lançaient des pierres et des flèches, le dessus même du temple, qu'ils transformaient ainsi en une place forte. Il est vrai que le devant ressemblait à un champ de bataille, tant il était encombré de monceaux de cadavres. Les factieux entraient non-seulement en armes dans ces lieux saints, inaccessibles jusqu'alors aux profanes, mais ils y pénétraient les mains souillées du sang de leurs frères. Les Romains eux-mêmes avaient horreur de telles impiétés et de tels sacriléges, commis par ces misérables contre ce que leur religion les obligeait le plus de respecter. Il n'y avait en effet, dans toute l'armée de Titus, pas un homme qui ne regardât le temple avec respect, qui ne crût devoir adorer le Dieu auquel il était consacré, et qui ne souhaitât que ces méchants qui le profanaient en prévinssent la ruine en se repentant.

Titus partageait si vivement ce désir, qu'il crut devoir adresser lui-même la parole à Jean et à ses compagnons. Il leur rappela que leurs ancêtres avaient fait environner ce lieu saint de balustrades, afin que personne n'en approchât ; qu'ils avaient, en outre, fait graver sur des colonnes, en lettres grecques et romaines, la défense de franchir ces limites sacrées ; que les Romains, poussant jusqu'à l'excès le respect pour cette défense, leur avaient permis de faire mourir tous ceux, même d'entre les Romains, qui la violeraient. « Quelle rage, dit-il en achevant, peut donc vous porter à souiller ce temple, non-seulement du sang des étrangers, mais même de celui de vos frères ; et à vous faire gloire d'insulter et de fouler aux pieds les corps de ceux que vous massacrez ? Je prends à témoin les dieux que j'adore ; je prends à témoin le Dieu qui a autrefois regardé ce temple d'un œil favorable, je dis autrefois, car pour ce qui est d'aujourd'hui, quelle divinité n'en détournerait la vue ; j'en prends à témoin toute mon armée, tous les Juifs qui se sont retirés auprès de moi : je vous prends à témoins vous-mêmes, que je n'ai aucune part à cette profanation : je vous promets en outre que, si vous consentez à sortir de ce lieu saint, nul Romain n'en approchera ; et que d'ailleurs, quoique vous puissiez faire, je m'efforcerai de le conserver. » Titus leur adressa ce discours, et Josèphe le traduisit en hébreux, pour que tous pussent le comprendre ; mais les factieux, au lieu d'être touchés d'une telle bonté, crurent follement qu'en parlant ainsi il était mu par la crainte : ils n'en devinrent que plus insolents. Voyant enfin que tous ses moyens de persuasion échouaient sur ces insensés, et qu'ils n'avaient pas plus de désir de se sauver que de sauver le temple, il résolut d'en venir à la force ouverte ; et, comme le lieu où il fallait combattre était fort resserré et qu'il ne pouvait déployer de grandes masses, il choisit trente hommes par compagnie de cent soldats, et donna le commandement de ce corps d'élite à Céréalis. Il eût souhaité se trouver lui-même à cette action ; mais ses amis et les principaux officiers de son armée, frappés de la grandeur du péril qu'il y aurait, l'en détournèrent, en lui représentant qu'il vaudrait mieux qu'il se plaçât sur la forteresse Antonia, du haut de laquelle il donnerait ses ordres, et d'où il pourrait mieux apprécier la valeur de ceux qu'il employait à cette entreprise, parce qu'il n'y aurait point d'efforts que l'honneur de combattre sous ses yeux ne leur fît faire pour se rendre dignes de son approbation et de ses récompenses. Il se rendit à ces raisons, et fit savoir à ceux qu'il envoyait à cet assaut meurtrier et décisif, que ce qui l'empêchait de se mettre à leur tête, c'était qu'il désirait être témoin des actions de chacun d'eux, afin que, grâce aux moyens qu'il avait entre ses mains de récompenser et de punir, aucun de ceux qui se signaleraient dans cette circonstance, ne demeurât sans récompense, et aussi que ceux-là trouvassent le châtiment qu'ils auraient mérité qui ne se montreraient pas dignes de l'honneur d'avoir été choisis entre tous

leurs compagnons d'armes, pour prendre part à ce combat. L'heure
qui fut fixée pour cet assaut fut la neuvième de la nuit. Les Romains ne trouvèrent pas les ennemis endormis comme ils l'avaient
pensé, ils furent reçus à grands cris par les premiers corps de
garde, et en vinrent aux mains avec eux; leurs camarades, qui
dormaient à quelque distance de là, réveillés par ce bruit, accoururent aussitôt en grand nombre; mais malheureusement pour les
Juifs, ces derniers attaquèrent indifféremment amis et ennemis,
parce que l'obscurité de la nuit, le bruit de tant de voix, l'animo-
sité, la fureur et la crainte, avaient confondu toutes choses. Cependant il s'en fallait de beaucoup que cette étrange mêlée fût aussi
défavorable aux Romains qu'aux assiégés : en effet, leur excellente
discipline, leurs rangs serrés, le silence qu'ils savaient mieux garder, et surtout le mot d'ordre et de ralliement auquel ils se reconnaissaient, tout cela les préservait du désordre; tandis que les Juifs
n'observaient aucun ordre, ni en allant à la charge, ni en se retirant; et que, prenant pour ennemis ceux des leurs qui, après
avoir vigoureusement chargé et poussé les Romains, voulaient se
retirer, ils en tuèrent ainsi plus des leurs, et se firent plus de
tort que ne leur en firent les assaillants. Ce ne fut que lorsque le
jour vint à luire, que, chacun se reconnaissant, on commença à
combattre avec moins de confusion, et à se servir de flèches et de
javelots. Quelque sanglant qu'eût été le combat de la nuit, celui
qui le suivit pendant le jour n'en fut pas moins acharné : les deux
partis tinrent ferme, et tous deux s'obstinèrent également à ne rien
céder du terrain. Les Romains savaient que Titus avait les yeux
sur eux, et qu'aucune de leurs actions ne serait perdue; mais que,
si par leur valeur ou par leur constance, ils parvenaient à se faire
remarquer de lui et à mériter son estime, leur bonheur pour tout
le reste de cette vie daterait de ce jour; quant aux Juifs, l'imminence du péril où ils se trouvaient, la crainte de voir ruiner le
temple, et la présence de Jean qui encourageait les plus braves,
et frappait ceux qui semblaient se ralentir, étaient autant de mo-
biles puissants pour enflammer leur ardeur et leur donner une vigueur extraordinaire. Ce grand combat se passa continuellement

de main en main, et changeait de face à tout moment : de nouveaux combattants se substituaient, en effet, sans cesse à ceux que le fer moissonnait, et qui leur faisaient un rempart de leurs corps mutilés et sanglants. Un espace étroit et qui ne pouvait prêter un grand déploiement de forces, servait de théâtre à cette lutte. Titus la contemplait du haut de la tour Antonia : il voyait tout ce qui se passait ; et, au besoin, pouvait faire entendre sa voix à ses soldats, pour les encourager lorsqu'ils avaient l'avantage, et les rappeler à leur devoir quand, trop vivement pressés par les Juifs, ils paraissaient sur le point de faiblir. Les combattants se séparèrent enfin de guerre lasse, vers la cinquième heure du jour, sans qu'après une lutte de huit heures, on pût dire de quel côté avait tourné la victoire.

Attribuant sans doute ce défaut de résultat à l'étroitesse de l'espace par lequel on montait à la brèche, Titus, pour l'élargir, fit démolir de fond en comble la forteresse Antonia : il fallut sept jours pour achever ce travail ; le huitième jour, les légions commencèrent à élever quatre plates-formes, la première au nord-ouest du temple, la seconde et la troisième au nord, et la quatrième à l'ouest. Mais ces ouvrages ne se faisaient qu'avec une lenteur extrême, et des difficultés et une peine incroyables : il fallait chercher le bois à cent stades de là, et non sans danger, parce que les Juifs, que le désespoir rendait plus audacieux que jamais, profitant de la confiance que les soldats romains avaient en leur force, leur tendaient des embûches et les harcelaient sans cesse. Dans ces sorties, il leur arrivait assez fréquemment de surprendre des cavaliers qui était assez imprudents pour débrider leurs chevaux, en allant au fourrage, pour les laisser paître. Plusieurs de ces animaux tombèrent entre leurs mains. Titus, voyant que ces accidents se multipliaient, et les attribuant à la négligence de ses soldats plutôt qu'à la valeur des Juifs, pour les rendre plus soigneux à l'avenir par un exemple de sévérité, condamna à mort un des cavaliers qui avait perdu le sien : cette leçon profita aux autres, qui désormais n'abandonnèrent plus les leurs.

La faim tourmentait de jour en jour davantage les factieux, parce

que leurs vols produisaient de moins en moins. Le désespoir leur
suggéra une résolution extrême : ce fut d'attaquer les Romains, et
en particulier le camp que ceux-ci avaient établi sur la montagne
des Oliviers. Ils espéraient le surprendre, parce qu'ils avaient
choisi, pour faire leur sortie, l'heure où les Romains se reposaient.
Mais ils furent déçus dans leur attente; car les assiégeants les
virent venir, et eurent le temps de se préparer à les recevoir. Les
Juifs n'en persistèrent pas moins dans leur attaque, la lutte fut
vivement engagée et vaillamment soutenue de part et d'autre. Il se
fit des actions merveilleuses de courage : les Romains avaient pour
eux, comme dans tous les combats de cette guerre, l'avantage que
donnent la discipline, l'habitude et la science de la guerre; et les
Juifs une impétuosité sans égale et le mépris le plus profond du
danger et de la mort. La haine animait les uns, et l'impérieuse
nécessité les autres : les Romains se seraient crus déshonorés s'ils
avaient laissé les Juifs rentrer dans leur ville sans avoir expié leur
audace de les avoir attaqués jusque dans leur camp, et les Juifs ne
voyaient de salut pour eux qu'en les y forçant : mais, malgré toute
leur valeur, ils échouèrent et furent repoussés. Tandis que les Romains les poursuivaient, un chevalier, nommé Lédanius, fit une
action presque incroyable. Il s'était élancé à leur suite, et avait
poussé son cheval à toute bride à travers la vallée; les ayant
rejoints, avec une force et une adresse extraordinaires, il enleva
en passant un jeune Juif fort robuste et fort bien armé qui fuyait
comme les autres, le prit par le pied, et le porta à Titus comme un
présent qu'il lui offrait. Ce prince admira et loua fort l'action du
chevalier; mais il fit exécuter le prisonnier, comme on faisait de
tous les Juifs qu'on prenait les armes à la main.

Les Romains reprirent ensuite avec une nouvelle ardeur le travail de la construction des terrasses, afin de pouvoir se rendre
maîtres du temple : cependant, renonçant à l'espoir d'empêcher ces
travaux, affaiblis par les pertes qu'ils avaient faites dans tant de
combats, voyant d'ailleurs que la guerre devenait de plus en plus
ardente et acharnée, et le péril dont le temple était menacé, imminent, les assiégés résolurent de ruiner eux-mêmes une partie de

cet édifice, pour en sauver et en pour mieux défendre le reste, de même qu'on sacrifie un membre malade pour préserver le corps entier. Ils mirent donc le feu à la partie de la galerie qui faisait communiquer ce temple avec la forteresse Antonia, et en abattirent ensuite vingt coudées de ce que le feu avait épargné : ils furent ainsi les premiers qui ruinèrent et détruisirent ces superbes ouvrages.

Deux jours après, c'est-à dire le vingt-quatre juillet, le feu fut mis une seconde fois, mais par les Romains, à cette même galerie. Lorsqu'il en eut consumé à peu près quatorze coudées, les Juifs en abattirent le comble, pour achever de ruiner tout ce qui mettait en communication avec le temple, l'emplacement où était autrefois la forteresse Antonia. Bien loin de songer, comme ils auraient pu le faire, à éteindre le feu, ils le regardaient d'un œil impassible poursuivre ses ravages, pour le faire servir à leurs desseins, et n'en continuaient pas moins leurs escarmouches contre les avant-postes des Romains.

Les défenseurs du temple faisaient des efforts inouis pour résister à ceux qui les attaquaient du haut des plates-formes : ils résolurent d'unir la ruse à la force. Le vingt-sept juillet, ils remplirent de bois, de soufre et de bitume l'espace du portique, du côté de l'occident, entre les poutres et le comble; puis ils se firent attaquer, et feignirent de fuir pour attirer les Romains à leur suite. Les plus téméraires d'entre ceux-ci les suivirent en effet, et prirent des échelles pour escalader ce portique; mais ceux qui avaient quelque prudence se défièrent de cet empressement que les Juifs avaient mis à fuir, et n'imitèrent pas leurs camarades. Aussitôt que ceux-ci furent parvenus au haut du portique, les assiégés mirent le feu aux matières inflammables qu'ils avaient préparées : soudain on vit s'élever une grande flamme qui jeta l'épouvante dans l'âme de ceux des Romains qui n'étaient que spectateurs; et le trouble et le désespoir dans l'âme des malheureux qui se virent tout-à-coup environnés de feu et de fumée. Les uns se jetaient du haut en bas du portique, du côté des leurs; les autres se précipitaient du côté des ennemis; mais ils se brisaient les membres en touchant le sol;

4..

quelques-uns, pour éviter d'être brûlés vifs, se perçaient de leur épée. Bien qu'il fût irrité contre ceux qui périssaient ainsi pour avoir entrepris une attaque sans en avoir reçu l'ordre, Titus ne put se défendre d'une compassion extrême pour leur sort. La vive douleur qu'il manifesta rendit sans doute la mort moins cruelle pour ceux qui, par amour pour lui et pour sa gloire, avaient avec joie exposé leur vie et périssaient maintenant si misérablement. Ils purent le voir se porter en avant, jeter de grands cris, conjurer leurs compagnons de les secourir, et leur donner toutes les preuves qu'il pût de sa sympathie et de sa douleur : ces témoignages, de la part d'un si grand prince, tinrent lieu à ces infortunés de la plus honorable de toutes les sépultures. Quelques-uns d'entre eux purent gagner la partie la plus spacieuse de la galerie, où ils se trouvèrent à l'abri de la violence du feu, mais non des flèches des Juifs, qui les tuèrent tous l'un après l'autre, sans qu'un seul pût se sauver. Mais tous moururent avec courage et sans honteuses faiblesses; au contraire, un jeune Romain d'entre eux, nommé Longus, se distingua particulièrement. Il lutta d'abord avec un courage héroïque contre les Juifs; ceux-ci, pleins d'admiration pour ce jeune homme, et voyant d'ailleurs qu'ils ne pouvaient le tuer, l'exhortèrent à descendre du portique, lui promettant de l'épargner. Cependant son frère, qui était à côté de lui, le conjurait de ne pas ternir sa réputation et la gloire du nom romain en paraissant craindre de mourir. Il le crut, et, levant son épée au-dessus de sa tête, assez haut pour qu'elle fût vue des deux partis, il se la plongea dans la poitrine. Un autre d'entre eux se sauva par adresse. Ayant aperçu un de ses compagnons, il l'appela et lui promit de le faire son héritier s'il le recevait entre ses bras, au moment où il se jetterait du haut du portique : celui-ci accepta la proposition, mais pour son malheur : car, accablé sous le poids de son compagnon, il mourut sur l'heure même, tandis que le premier se sauva.

La perte de tant de braves gens affligea les Romains, mais leur apprit aussi à mieux se tenir en garde contre les embûches que les Juifs leur tendaient, et où ils s'engageaient témérairement. Le portique fut dévoré presque en entier par les flammes, et, le lendemain, les Romains mirent encore le feu au portique du nord, et le brulèrent jusqu'à l'angle oriental du côté de la vallée du Cédron.

Tandis que ces tragiques événements se passaient à l'entour du temple, la famine faisait d'horribles ravages dans la ville, et en moissonnait cruellement la malheureuse population. Qui pourrait en dépeindre et en faire connaître toutes les misères? Sur le moindre soupçon qu'il restait quelque chose à manger dans une maison, on lui déclarait la guerre. Les meilleurs amis devenaient ennemis, pour tâcher de soutenir leur vie avec ce qu'ils pouvaient se ravir l'un à l'autre. On n'ajoutait pas même foi au témoignage des mourants, lorsqu'ils affirmaient qu'il ne leur restait plus rien; mais, par une horrible barbarie, on les fouillait pour s'assurer qu'ils n'avaient point caché d'aliments, eux qui mouraient parce qu'ils en manquaient. Et, quand ces hommes, auxquels il ne restait plus d'humain que la forme, reconnaissaient qu'ils s'étaient trompés en s'attendant à trouver de quoi se nourrir, ils entraient dans des fureurs telles qu'on les eût pris pour des chiens enragés; ils tombaient dans une sorte de délire, et le moindre obstacle qu'ils rencontraient les faisait chanceler comme des hommes ivres. Ce n'était pas assez pour eux de fouiller une fois, jusque dans les derniers recoins, les maisons dans lesquelles ils entraient; ils recommençaient à plusieurs reprises. L'excès de la faim les poussait à ramasser, pour se nourrir, ce que les derniers des animaux eussent dédaignés. Ils mangeaient jusqu'au cuir de leurs souliers, jusqu'aux courroies de leurs armes; une poignée de foin moisi se vendait quatre attiques. Jamais famine aussi affreuse ne désola une ville, jamais aussi, ni chez les Grecs, ni chez les nations les plus barbares, la faim ne poussa à d'aussi épouvantables extrémités. Ce que j'ai à dire à ce sujet est tellement horrible, que c'est presque invraisemblable, et que je n'aurais pu me résoudre à le rapporter, si je ne l'avais entendu raconter par des gens qui eurent le malheur d'en être témoins.

Une femme, nommée Marie, fort riche et de grande naissance, était venue avec d'autres du bourg de Batéchor, c'est-à-dire maison d'Hyssope, se réfugier à Jérusalem, et s'y trouva assiégée.

Les factieux qui opprimaient cette malheureuse ville ne se contentèrent pes d'enlever à cette femme tout ce qu'elle possédait, ils lui
ravirent aussi à plusieurs reprises ce qu'elle avait amassé pour
vivre. La douleur de se voir ainsi traitée la jeta dans le désespoir;
de sorte qu'après avoir vomi mille imprécations contre eux, il n'y
eut point de paroles outrageantes dont elle ne les apostrophât, pour
les irriter et les porter à la tuer, mais ils ne daignèrent pas même
lui rendre ce triste service, ni témoigner le moindre ressentiment
de ses paroles. Réduite à cette extrémité, et n'entrevoyant plus
aucune lueur d'espérance de quelque côté qu'elle se tournât, elle
céda à la faim qui la dévorait et au feu que la colère avait allumé
dans son cœur, et prit une résolution qui fait horreur à la nature.
Arrachant son fils de son sein, elle lui dit : « Malheureux enfant,
né au milieu de la guerre, de la famine et des factions qui déchi-
rent notre patrie et conspirent à l'envi à sa ruine, pourquoi essaie-
rai-je de te conserver? Serait-ce pour que tu devinsses esclave des
Romains, dans le cas où ils voudraient nous sauver? Mais la faim
nous fera mourir avant que nous ne tombions entre leurs mains.
Et d'ailleurs, ces tyrans qui nous oppriment, ne sont-ils pas mille
fois plus redoutables que les Romains et que la faim? Il vaut mieux
que tu meures pour me servir de nourriture, pour que je puisse
braver nos tyrans, pour frapper de stupeur la postérité par une
action aussi tragique, et pour que rien ne manque désormais de ce
qui peut combler la mesure de nos maux, et rendre les Juifs le
peuple le plus malheureux de la terre. »

Elle dit, et égorgeant son fils, le fit cuire, en mangea une partie
et cacha le reste. Il arriva que les factieux entrèrent peu après dans
la maison pour la visiter de nouveau ; ils sentirent l'odeur de ce
mets épouvantable, et menacèrent cette femme de la tuer, si elle
ne leur montrait les aliments qu'elle s'était préparés. Elle leur
répondit qu'elle en avait encore une partie, et leur montra en
même temps les restes du corps de son malheureux enfant. Bien
que leurs cœurs fussent de bronze, ces hommes, à cet aspect, fré-
mirent d'horreur et semblèrent être hors d'eux-mêmes. Mais la
mère, dans le transport de sa démence, leur dit d'une voix assurée :

« C'est mon fils, oui, c'est mon propre fils ; et c'est moi-même
qui ai trempé mes mains dans son sang. Vous pouvez bien en
manger, puisque j'en ai mangé la première. Seriez-vous moins
hardis qu'une femme, et auriez-vous plus de compassion qu'une
mère ? Que si votre pitié ne vous permet pas de prendre part à
cette victime que je vous offre, j'achèverai de la manger. »

Ces hommes, qui jusqu'alors étaient restés étrangers à tout sentiment d'humanité, s'en allèrent tout tremblants ; et quelque grand
que fût leur besoin de trouver des aliments, ils laissèrent ce mets
abominable à cette mère infortunée. Cette effroyable action fut
bientôt connue par toute la ville, et chacun, en l'apprenant, en
conçut la même horreur que s'il eût lui-même commis le crime ;
ceux que la faim tourmentait le plus souhaitaient d'être promptement délivrés de la vie, et enviaient le sort de ceux qui étaient
morts avant d'avoir pu voir ou entendre raconter une chose aussi
exécrable.

La nouvelle de la mort de cet enfant sacrifié par sa propre mère
au désir de se conserver elle-même, parvint bientôt au camp
des Romains : quelques-uns refusèrent d'y croire, les autres en
furent profondément émus ; dans tous, elle augmenta la haine
qu'ils avaient déjà vouée aux Juifs. Pour se justifier devant Dieu
de toute part à ce crime, Titus protesta hautement qu'il avait offert
aux Juifs une amnistie générale de tout le passé ; que, par conséquent,
s'ils avaient mérité de se nourrir de ces affreux aliments, c'est qu'ils
avaient préféré la révolte à l'obéissance, la guerre à la paix, la famine à
l'abondance, et qu'ils avaient porté l'abomination de toutes les souil-
lures et enfin l'incendie dans ce temple que lui s'était efforcé de
préserver de la ruine ; mais qu'il ensevelirait cet horrible crime
sous les ruines de leur capitale, afin que le soleil n'eût plus à éclairer une ville où les mères se nourrissaient de la chair de leurs enfants, où les pères se rendaient complices de ces crimes, puisque de
si étranges misères ne pouvaient les résoudre à déposer les armes.

Après de telles preuves d'endurcissements et d'opiniâtreté dans
leur résolution de ne pas se rendre, Titus ne pouvait plus espérer

qu'aucune crainte, aucune considération ne ramenât les factieux. Se confirmant de jour en jour davantage dans la résolution de presser la fin du siége, il fit, aussitôt que deux des légions eurent achevé leurs plates-formes, le huit d'août, mettre ses béliers en batteries contre les parties extérieures du temple, du côté de l'occident. Mais ces machines battirent en vain cet édifice pendant six jours de suite et sans relâche, tant les murailles en étaient solides et à l'épreuve de tout effort. Cependant les soldats travaillaient en même temps à en saper les fondements du côté du nord. Ils se donnèrent une peine extrême, brisèrent leurs instruments, et tout cela en pure perte, ou pour n'arriver qu'à enlever quelques pierres du dehors, sans pouvoir ébranler celles du dedans qui soutenaient toujours les portes. Désespérant enfin de réussir dans cette entreprise par ses moyens, ils se décidèrent à en venir à l'escalade. Les Juifs, qui ne prévoyaient pas cette résolution, ne purent les empêcher de planter leurs échelles ; mais jamais résistance ne fut plus vigoureuse que celle qu'ils leur opposèrent : ils tuaient à coups d'épée ceux qui étaient parvenus au haut des échelles, sans leur laisser le temps de se couvrir de leurs boucliers ; renversaient ceux qui montaient, et faisaient tomber des échelles toutes couvertes de soldats, ce qui coûta la vie à un grand nombre de Romains. Mais ce fut surtout autour des aigles que la mêlée fut sanglante et acharnée, parce que les assiégeants en considéraient là perte comme une honte insupportable, et qu'il n'y avait rien que les Juifs ne fissent pour conserver celles qu'ils avaient enlevées.

Plusieurs d'entre elles étaient tombées en leur pouvoir, et ils se battirent si bien qu'ils en restèrent maîtres et contraignirent les assaillants à se retirer. Mais quoiqu'ils eussent eu le dessous dans cette affaire, les Romains ne s'y montrèrent pas moins dignes de leur réputation et de leur gloire passée, par le rare courage qu'ils déployèrent.

Cet échec décida leur général à faire mettre le feu au portique, pour éviter de nouveaux combats et les pertes d'hommes qu'ils auraient entraînées à leur suite, s'ils avaient voulu persister dans son désir de conserver cet édifice à des étrangers rebelles.

Peu après, deux des plus cruels et des plus criminels d'entre les factieux, vinrent se rendre à Titus. Ils comptaient que le dernier avantage remporté par les Juifs le rendraient indulgent. En effet, bien que Titus n'ignorât pas les crimes que ces hommes avaient commis, et qu'il sût que la nécessité seule les contraignait à se rendre, et encore qu'il ne pensât pas que des gens qui abandonnaient leur patrie après y avoir allumé le feu de la guerre civile et de la guerre étrangère, fussent dignes de pardon, il se fit un scrupule de manquer à la parole qu'il avait donnée de faire grâce à ceux qui se rendraient, quelque désir qu'il eût de les châtier comme ils le méritaient, et queque grande que fût sa haine contre eux. Néanmoins, en les laissant aller, il leur témoigna ses sentiments par l'accueil qu'il leur fit.

Selon l'ordre qu'il leur en avait donnné, les Romains mirent le feu aux portes du temple. L'incendie n'en consuma pas seulement le bois, mais il fit fondre des lames d'argent dont elles étaient recouvertes; et, s'étendant plus avant, gagna jusqu'aux galeries. Les Juifs furent tellement surpris de se voir ainsi environnés de flammes, qu'ils en demeurèrent sans cœur et sans force. Pas un d'entre eux ne s'avança pour éteindre le feu ou pour arrêter les Romains; mais, comme si le temple eût été déjà consumé, ils étaient dans une telle stupeur, qu'au lieu de s'occuper à empêcher le reste de brûler, ils se contentaient de maudire leurs ennemis. Cet embrasement continua ainsi le reste du jour et la nuit suivante, parce que, quelque actif qu'il fût, il ne pouvait brûler les galeries que successivement.

Le lendemain, Titus fit éteindre l'incendie, et aplanir un chemin le long des portiques, afin d'en rendre l'accès plus facile. Il convoqua ensuite le conseil de ses principaux officiers, savoir Tibère Alexandre, son lieutenant; les commandants des légions, et Marc-Antoine Julien, le gouverneur de Judée. Ils délibérèrent sur ce qu'il y avait à faire à l'égard du temple : les uns proposèrent d'user du droit de la guerre en le ruinant; ils donnaient pour raison que, tant qu'il subsisterait, les Juifs qui s'y réuniraient se révolteraient. D'autres furent d'avis de le conserver si les Juifs l'abandonnaient, et de le détruire s'ils persistaient à s'y défendre, parce que, dans ce cas, on ne devait plus le considérer comme un temple, mais comme une place forte, et que, d'ailleurs, ce serait à eux seuls qu'en devrait être attribué la ruine, puisqu'ils en auraient été la cause. Titus pensait que, bien que les Juifs se servissent du temple comme d'une place de guerre pour soutenir leur révolta, il ne serait pas juste de se venger sur une chose inanimée des fautes commises par les hommes, en réduisant en cendres un monument qui serait un des ornements de l'empire. Quand Titus eut ainsi manifesté son avis, Alexandre et deux des chefs de légions déclarèrent qu'ils le partageaient. En conséquence, le conseil fut levé, et le César commanda que l'on fit reposer toutes les troupes, pour les mettre en état de se comporter plus énergiquement, lorsqu'il en serait besoin. Il préposa ensuite quelques cohortes au soin d'éteindre le feu, et de frayer un chemin à travers les ruines. Quant aux Juifs, la stupeur où ils étaient plongés et la fatigue les empêchèrent de rien entreprendre ce jour là.

Mais, le lendemain, ils reprirent courage; et, après avoir puisé de nouvelles forces dans le repos, ils sortirent vers la seconde heure du jour, par la porte du temple qui donnait du côté de l'est, et attaquèrent le corps de garde le plus avancé des assiégeants. Les Romains firent bonne contenance et leur opposèrent le mur de fer de leurs boucliers, qu'ils élevaient au-dessus de leurs têtes et serraient les uns contre les autres en forme de tortue. Ils n'auraient pu néanmoins résister long-temps à cette multitude en fureur, si Titus, qui observait ce combat du haut du terrain de la forteresse Antonia, n'était venu à leur secours avec un corps de troupes d'élite. Il chargea les Juifs si vivement, que dès le premier choc, ils lâchèrent pied. Mais ils revinrent presque aussitôt au combat, et ramenèrent les Romains; ceux-ci les repoussèrent de nouveau, puis eurent encore le dessous, et la lutte se prolongea ainsi à travers ce flux et ce reflux d'avantages et de revers, jusque vers la cinquième heure du jour, où les Juifs furent enfin refoulés dans le temple.

Titus entra de son côté dans son quartier, situé sur l'emplacement de la forteresse Antonia, et résolut d'attaquer le lendemain au matin, 10 d'août, le temple à la tête de toutes ses forces. On était donc à la veille de ce jour fatal que Dieu avait désigné, dans sa sagesse éternelle, pour être celui où le temple devait être brûlé, après une longue révolution d'années ; le même que celui où il avait été déjà brûlé par Nabuchodonosor, roi de Babylone. Mais cette fois, ce ne furent pas des étrangers, ce furent les Juifs qui furent la cause de cet épouvantable malheur.

Cependant les factieux, loin de demeurer en repos, firent une nouvelle sortie sur les assiégeants, et en vinrent aux mains avec ceux qui, d'adrès l'ordre de Titus, éteignaient le feu. Les Romains les repoussèrent vivement et les poursuivirent jusqu'au temple.

Alors un soldat, n'attendant pas qu'on lui en donnât l'ordre, et sans reculer devant l'énormité de son action, mais poussé comme par une inspiration divine, se fit soulever par l'un de ses compagnons, et saisissant un tison ardent, le jeta par la fenêtre d'or dans le lieu par où l'on entrait dans les bâtiments qui entouraient le temple du côté du septentrion. Le feu s'y mit aussitôt ; à cette vue, les Juifs poussèrent un cri proportionné à l'immensité de leur douleur. Ils accoururent tous à la fois au secours, n'ayant plus aucun souci de leur vie, et prodiguant toutes leurs forces pour ce temple à cause duquel seul, jusqu'alors, ils les avaient ménagés.

On vint en courant l'annoncer à Titus : il se reposait alors dans sa tente des fatigues du combat ; il s'élança dans le costume dans lequel il se trouvait, et courut vers le temple pour faire arrêter l'incendie : les chefs de l'armée le suivirent, et avec eux, les légions effrayées, avec tout le bruit et tout le tumulte de si grandes forces se mouvant sans ordre. Le César faisait signe de la voix et du geste à ceux qui combattaient de ne songer qu'à éteindre le feu ; mais un bruit plus grand empêchait que l'on n'entendît sa voix ; et l'ardeur et la colère dont les soldats étaient animés ne leur permettaient pas de prendre garde aux signes qu'il leur faisait. Ni les exhortations, ni la menace ne pouvaient contenir l'impétuosité de ces légions accourant en foule pressée ; leur seule fureur les conduisait ; et les soldats se pressaient tellement aux entrées que plusieurs étaient foulés aux pieds, et que d'autres, tombant dans les ruines brûlantes et toutes fumantes des portiques, n'étaient pas moins malheureux que les vaincus.

Quand tous les soldats furent arrivés au temple, feignant de ne pas entendre les ordres du César, les derniers se mirent à exciter les plus avancés à mettre le feu. Déjà les factieux étaient dans l'impuissance de porter secours. On ne voyait que fuite et carnage. La multitude, faible et sans armes, égorgée dans quelques mains qu'elle tombât. Autour de l'autel étaient accumulés les monceaux de cadavres, et sur les degrés par lesquels on y montait, le sang coulait comme par torrents, en même temps qu'on y voyait rouler les corps de ceux qu'on y égorgeait dans les galeries supérieures. Le César, voyant qu'il ne pouvait plus contenir l'impétuosité de ses soldats, et que l'incendie prenait d'ailleurs le dessus, entra dans l'intérieur du temple avec les autres chefs de l'armée, et trouva, après l'avoir considéré, que le sanctuaire, par sa magnificence, surpassait de beaucoup ce que la renommée en avait publié parmi les nations étrangères ; et que ce que les Juifs en avaient dit, quelque exagération que l'on avait cru y voir, n'était pas au-dessous de la vérité.

Comme le feu n'était pas encore arrivé jusque-là et qu'il ne consumait que les bâtiments extérieurs du temple, Titus, pensant avec raison qu'on pourrait encore le conserver, s'avança vers les siens et essaya lui-même d'engager les soldats à éteindre le feu ; il commanda en outre à l'un de ses officiers, nommé Libélarius, capitaine d'une partie de sa garde, de frapper à coups de bâton et de contenir ceux qui désobéissaient. Mais la fureur qui animait les soldats, la haine pour les Juifs, et une sorte d'exaltation guerrière, les rendaient insensibles à la crainte du châtiment et à la voix de la discipline. La plupart d'entre eux étaient d'ailleurs poussés par l'espoir d'un riche pillage, et croyaient que l'intérieur de l'édifice recélait d'immenses trésors, parce qu'ils avaient vu les parois de murs revêtus de lames d'or. Au moment même où Titus allait sortir pour contenir les soldats, l'un d'eux, se glissant dans le sanctuaire, y mit le feu à une porte, et soudain une grande flamme s'éleva et obligea le César et ceux qui l'accompagnaient de se retirer, sans que nul de ceux qui étaient au-dehors se mit en devoir d'éteindre l'incendie.

C'est ainsi que ce superbe édifice fut brûlé, quoi que Titus ait pu faire pour le préserver. Jamais monument ne fut plus digne d'admiration, tant par sa structure, sa magnificence et sa richesse, que par sa sainteté, qui était comme le comble de sa gloire.

Ce qu'il y a de plus étonnant dans cette ruine du temple, c'est qu'elle soit arrivée au même mois et au même jour que les Babyloniens l'avaient autrefois détruit (587 av. J.-C.) Le second embrasement arriva six cent cinquante sept ans après le premier, six cent trente-neuf ans et quarante-cinq jours depuis que Zorobabel eût fait rebâtir le temple, du temps du prophète Aggée, et onze cent trente ans sept mois quinze jours que le roi Salomon eût bâti le premier temple ; enfin la seconde année du règne de Vespasien (11 d'août, 70 ap. J.-C.)

Tandis que le temple brûlait, les soldats pillaient tout ce qui leur tombait sous la main et faisaient un horrible carnage : on ne pardonnait ni à l'âge ni au rang ; les enfants, les vieillards, les profanes et les prêtres étaient également égorgés ; la guerre et le carnage environnaient cette foule, ceux qui suppliaient comme ceux qui se défendaient. La voix bruyante de l'incendie se mêlait aux gémissements des mourants. La hauteur des flammes et la grande étendue de l'édifice qu'elles dévoraient, faisait croire à ceux qui ne le voyaient que de loin, que toute la ville était en feu.

On ne saurait imaginer rien de plus grandiose et de plus terrible que le bruit qui résultait et des cris de colère et de vengeance des légions, et des cris de désespoir des factieux qui se voyaient environnés de fer et de feu, et des plaintes du peuple qui encombrait les avenues du temple, et des voix confuses de ceux qui, de la montagne opposée au temple, voyaient un spectacle si affreux. Ceux même que la faim avait épuisés et réduits à la dernière extrémité, apercevant cet embrasement, rassemblaient tout ce qui leur restait de force pour déplorer ce malheur ; et les échos des monta-

gnes d'alentour et du pays qui est au-dela du Jourdain, redou-
blaient encore cet horrible bruit. Mais quelque grand qu'il fût, les
maux qui le causaient l'étaient encore davantage. Le feu qui dévorait le temple était si grand et si violent qu'il semblait que la montagne même sur laquelle il était bâti, brûlât jusque dans ses fondements. Le sang coulait en telle abondance qu'on eût dit qu'il
disputait avec le feu à qui s'étendrait davantage. Le nombre des
morts et des mourants surpassaient celui de ceux qui égorgeaient :
le sol était couvert de cadavres sur lesquels passaient les soldats
pour poursuivre, par ce chemin effroyable, ceux qui s'enfuyaient.

Cependant les factieux avaient repris l'offensive : ils luttaient
avec le courage du désespoir, et parvinrent à faire un si grand
effort, qu'ils réussirent à repousser les Romains, à gagner les parties extérieures du temple, et, de là, à se retirer dans la ville:
Quelques-uns des sacrificateurs se servirent, pour se défendre, au
lieu de dards et d'épées, des broches qui étaient dans le temple,
et au lieu de pierres, de leurs siéges qui étaient en plomb. Mais
voyant que cela ne leur servait de rien et que le feu les gagnait de
toutes parts, ils se retirèrent sur le mur qui avait huit coudées
d'épaisseur, et s'y maintinrent quelque temps. D'autres se précipitèrent dans le feu pour ne pas survivre au temple.

Les Romains, une fois le temple brûlé, pensèrent qu'il serait
inutile d'épargner le reste, et mirent, en conséquence, le feu à
tous les édifices construits à l'entour : ils furent consumés avec
tout ce qui restait de portiques et de portes, exceptés les deux qui
regardaient l'orient et le midi, qu'ils ruinèrent depuis jusque dans
les fondements. Ils mirent aussi le feu à la trésorerie qui regor-
geait d'une énorme quantité de richesses, tant en or qu'en argent,
en superbes vêtements et en toutes sortes de choses précieuses que
les plus riches d'entre les Juifs y avaient mis en dépôt.

Jean de Giscala et Simon, ces deux chefs des factieux qui avaient
fait peser une si cruelle oppression sur leurs malheureux concitoyens, occupaient encore un quartier de la ville ; mais ils étaient
environnés de toutes parts et bloqués par les troupes romaines :
n'ayant plus d'espérance de pouvoir fuir, non plus que de résister,

ils songèrent enfin à traiter. Ils demandèrent donc à parler à Titus, ce qui leur fut accordé d'abord, tant parce que la douceur et la bonté naturelles du César le portaient à prêter les mains à tout ce qui pouvait empêcher la ruine complète de la ville, que parce que ses conseillers les plus intimes l'approuvèrent, dans l'espoir que les factieux, devenus plus sages, éviteraient, en se rendant, une nouvelle effusion de sang. Il les reçut debout, hors du temple, du côté de l'occident, à l'endroit où se trouvait un pont qui joignait la haute ville au temple. La longueur de ce pont séparit Titus et les factieux; et il se trouva de part et d'autre une nombreuse escorte autour des chefs des deux partis.

Les Juif, qui accompagnaient Simon et Jean de Giscala, laissaient percer sur leurs visages le trouble et l'anxiété qui agitaient leurs âmes, dans la crainte qu'ils avaient de ne pas obtenir le pardon qu'ils sollicitaient. Les Romains, au contraire, ne paraissaient préoccupés que du désir de savoir comment Titus recevrait les factieux. Ce prince, en signe de sa victoire, défendit aux siens de faire aucun acte d'hostilité, et leur commanda de contenir leur colère; puis il parla le premier par l'intermédiaire d'un truchement.

» Mettez-bas les armes, dit-il aux factieux, livrez-vous à ma discrétion, je vous fais grâce de la vie, et, pour le reste, je me réserve d'en user envers vous comme un bon maître, qui ne punit qu'à regret les crimes mêmes les plus irrémissibles. »

Les factieux répondirent qu'ils ne pouvaient se rendre à lui à ces conditions et malgré la garantie qu'il leur offrait, parce qu'ils s'étaient engagés par serment à ne jamais se rendre; mais qu'ils lui demandaient la permission de se retirer, avec leurs femmes et leurs enfants, dans le désert : qu'à cette condition ils lui abandonnaient la ville.

Titus ne put entendre sans indignation des gens livrés à sa merci, ayant la hardiesse de lui proposer des conditions, comme s'ils eussent été victorieux. Il leur fit déclarer par un hérault, que lors même que désormais ils voudraient se rendre à discrétion, il ne les recevrait plus, qu'il ne ferait grâce à aucun d'eux, et qu'ils n'avaient qu'à bien se défendre pour se sauver, s'ils pouvaient, attendu qu'ils seraient, à l'avenir, traités avec la dernière rigueur.

Il permit ensuite à ses soldats de piller la ville, puis d'y mettre le feu. Ils n'usèrent point ce jour-là même de cette dernière faculté; mais le lendemain ils mirent le feu aux archives, au palais d'Acra, à celui où l'on rendait la justice et au quartier nommé Ophla. L'incendie gagnait jusqu'au palais de la reine Hélène, au milieu de la montagne d'Acra, et consuma en même temps que les maisons les cadavres dont, aussi bien que les rues, elles étaient encombrées.

En ce même jour, les fils et les frères d'Isate, roi d'une partie de cette contrée, et, avec plusieurs Juifs de distinction, supplièrent Titus de leur permettre de se rendre à lui, quelque irrité qu'il fût ; sa bonté l'emporta, et il acquiesça à leur prière. Il les fit tous mettre sous bonne garde, les destinant à être menés à Rome, et à y être retenus comme otages.

Les factieux se retirèrent dans le palais, où plusieurs avaient porté leurs biens, pour les y mettre en sûreté. Ils en chassèrent les Romains, et, y étant entrés, tuèrent huit mille quatre cents hommes du peuple qui y avaient cherché un asile, pillèrent tout ce qu'ils y trouvèrent, et y firent prisonniers deux soldats romains, un cavalier et un fantassin. Ils tuèrent celui-ci, et, pour se venger des Romains, traînèrent son corps par toute la ville. Le cavalier leur ayant dit qu'il avait un avis important à leur donner, ils le menèrent vers Simon. Mais, quand il fut en présence de ce chef, il se trouva qu'il n'avait rien à lui dire : on le condamna donc à mort, et, après lui avoir bandé les yeux et lié les mains derrière le dos, on le conduisit en présence des Romains, pour lui trancher la tête. Déjà l'exécuteur avait tiré l'épée pour le mettre à mort, quand, par un bonheur inouï, il parvint à s'échapper. De retour vers les siens, il n'avait pas échappé à tout danger : en effet, en se faisant prendre vif, il avait mérité la mort; cependant Titus lui fit grâce, et se contenta de le faire désarmer et de le casser, ce qui, pour un homme de cœur, est un affront plus insupportable que la mort elle-même.

Le lendemain, les Romains chassèrent les factieux de la ville basse, y mirent le feu et la brûlèrent toute entière, jusqu'à la fontaine de Siloé. Ils prenaient plaisir à contempler l'incendie, mais ne trouvaient rien à piller, parce que les factieux, en se retirant dans la haute ville, avaient tout emporté. Bien loin de se repentir de tant de maux dont ils avaient été la cause, ils n'étaient pas moins insolents dans l'extrémité où ils étaient plongés, qu'ils eussent pu l'être dans la plus grande prospérité. Ils attendaient la mort avec impatience et joie; maintenant que le temple était détruit, le peuple exterminé par la famine, ou par le fer, consumé par les flammes, ils ne restaient plus rien dont leurs ennemis pussent jouir après la victoire.

Dans ces circonstances, Josèphe n'épargna rien pour sauver les tristes restes de cette misérable nation. Il s'efforça de nouveau d'inspirer à ces factieux de l'horreur pour leurs crimes et leurs sacriléges; mais ils ne firent que se moquer de ses paroles. Ils ne voulaient en aucune façon entendre parler de se rendre aux Romains, parce qu'ils s'étaient engagés à ne le faire jamais.

Environnés de toutes parts et ne pouvant plus en venir aux mains avec les ennemis, ils ne rêvaient que meurtre et carnage. Ils se répandaient par la ville, et se cachaient derrière les ruines pour surprendre ceux qui voulaient s'enfuir. Ils les tuaient ainsi d'autant plus facilement, que ces malheureux étaient si faibles qu'ils pouvaient à peine se traîner; la mort était d'ailleurs un bienfait pour ces infortunés en proie aux tortures de la faim. En se sauvant même, ils n'espéraient point de miséricorde de la part des Romains; ils ne fuyaient cependant et ne s'en exposaient pas moins à la fureur des factieux, tigres altérés de leur sang. Il n'y avait pas une place dans toute la ville qui ne fût couverte de cadavres, et qui ne fît voir jusqu'à quel excès la famine et la rage des factieux avaient porté la misère effroyable du pauvre peuple.

La seule espérance, la dernière ressource qui restât à ces méchants, qui avaient appesanti sur leurs concitoyens le joug d'une si horrible tyrannie, c'était de pouvoir se cacher dans quelque égout, jusqu'à ce que les Romains se fussent retirés après la ruine entière de cette ville, et d'en sortir alors sans rien craindre. Dans cette résolution qui n'était qu'un rêve, puisqu'ils ne pouvaient échapper à la vigilance des Romains et encore moins à la justice divine, ils propageaient l'incendie avec plus d'ardeur que les Romains eux-mêmes, massacrant et dépouillant ceux qui, pour éviter d'être brûlés, se réfugiaient dans les lieux souterrains.

La faim cependant les tourmentaient au point qu'ils dévoraient tout ce qu'ils trouvaient propre à être mangé, lors même que ces tristes aliments étaient souillés de sang ; et nul doute que, si le siége se fût prolongé davantage, ils ne se fussent repus de la chair de leurs victimes ; en attendant, ils s'entr'égorgeaient à propos de la moindre contestation qui s'élevaient entre eux dans le partage du butin.

Titus commença l'attaque de la ville haute, le 20 du mois d'août : il fit élever des cavaliers, pour parvenir aux pieds des murailles, que l'avantage de la position de cette partie des fortifications rendait inaccessibles. Ces travaux étaient d'autant plus difficiles et plus pénibles que tout le bois qui se trouvait à cent stades autour de la ville avait été coupé et employé à la confection des ouvrages précédents. Les différents corps se partagèrent entre les différents points de la ville que l'on devait attaquer à la fois ; les légions furent chargées d'attaquer le côté de la ville qui regardait l'occident, et les troupes auxiliaires les autres côtés, et principalement la galerie qui était auprès du pont et du fort que Simon avait fait construire, lorsqu'il faisait la guerre à Jean de Giscala.

Cependant les chefs des Iduméens s'assemblèrent à l'insu des factieux, et, après avoir tenu conseil, résolurent de traiter avec Titus. Ils envoyèrent donc une députation vers lui pour le prier de les recevoir. Quoique ce prince trouvât qu'ils avaient bien tardé à recourir à sa clémence, il n'en fit pas moins une réponse favorable à leurs envoyés, et leur promit le pardon : il espérait, en favorisant par son indulgence cette désertion d'une partie des forces des factieux, décourager les autres, et déterminer enfin Simon et Jean de Giscala à céder, en les privant de leurs meilleures troupes. Les Iduméens se préparaient déjà tous à s'en aller, lorsque Simon eut vent de ce projet; il fit mourir sur-le-champ ceux qu'ils avaient envoyés en députation, et mettre en prison leurs principaux chefs. Quoiqu'il ne fût guère vraisemblable que ces hommes n'ayant plus personne à leur tête pour les diriger, fussent encore en état de rien entreprendre, il ne laissa pas de les faire soigneusement observer. Il ne put néanmoins les empêcher de s'enfuir, et bien qu'il en fît mettre à mort un certain nombre, la plus grande partie d'entre eux s'échappa. Ils reçurent fort bien accueil des Romains, d'abord parce que l'extrême bonté de Titus l'empêchait de faire exécuter rigoureusement et à la lettre les ordres sévères qu'il avait donnés, après l'incendie du temple, sur la conduite à tenir désormais à l'égard des transfuges; et ensuite parce que les soldats, las de tuer, ne songeaient plus qu'à s'enrichir. Ils vendaient le menu peuple, triste débris échappé à tant de malheurs; mais ils n'en tiraient qu'un faible bénéfice; car, bien qu'il y en eût une énorme quantité, tant en hommes qu'en femmes et enfants, il n'y avait que fort peu d'acheteurs. Titus avait fait publier que nul ne se sauvât de la ville sans amener sa famille : mais il ne fit pas non plus observer rigoureusement cette prescription, et n'en reçut pas moins ceux qui venaient seuls. Après avoir fait mettre à part ceux qu'il destinait au supplice, il permit à plus de quarante mille de ces transfuges de se retirer où ils voudraient : le reste, formant une innombrable multitude, fut vendu.

Un sacrificateur auquel Titus avait promis de lui faire grâce de la vie s'il lui livrait quelque partie des trésors du temple, vint lui remettre deux chandeliers, des tables, des coupes et plusieurs vases, le tout d'or massif et fort pesant; il apporta aussi des voiles, des habits sacerdotaux, des pierres précieuses, et plusieurs vaisseaux destinés à servir dans les sacrifices.

Le même jour, Phinée, garde du trésor, tomba entre les mains des Romains; mais, quoiqu'il eût été pris de force, il n'en fut pas moins traité comme s'il avait été pris volontairement, parce qu'il découvrait un lieu où se trouvaient cachés des objets précieux : des vêtements, des ceintures de sacrificateurs, de la pourpre et de l'écarlate; de la canelle, de la casse et d'autres matières odorifé-

rentes qui devaient entrer dans la composition des parfums que l'on brûlait sur l'autel des encensements ; il livra en outre plusieurs autres objets de grand prix, tant en présents offerts à Dieu, qu'en ornements du temple.

Les cavaliers furent achevés le sept de septembre, et les Romains s'empressèrent d'y mettre en batterie leurs machines. Dès-lors les factieux virent s'évanouir leur dernière espérance de pouvoir plus long-temps défendre la ville ; les uns abandonnèrent aussitôt la ville et se retirèrent sur la montagne d'Arca ; les autres, plus déterminés, voulurent encore tenter de s'opposer à ceux qui faisaient avancer les béliers ; mais, affaiblis et écrasés sous le poids de tant de maux, ils ne pouvaient plus opposer une résistance sérieuse aux Romains, qui, non-seulement étaient plus nombreux, mais avaient encore cette force morale que donne la victoire et le sentiment de supériorité. Les béliers eurent bientôt fait tomber un pan de mur, et ébranlé plusieurs tours ; ceux qui les occupaient les abandonnèrent. Quant à Jean de Giscala et à Simon, saisis d'épouvante et se figurant le mal encore plus grand qu'il ne l'était en réalité, ils ne pensèrent plus qu'à s'enfuir avant que les Romains fussent parvenus à ce mur. L'orgueil insensé des hommes fit place tout-à-coup à une telle consternation que, quelque scélérats qu'ils fussent d'ailleurs, il était difficile de ne pas se laisser émouvoir par le spectacle d'un si étrange changement. Pour se sauver, ils résolurent d'attaquer le mur de circonvallation que les Romains avaient élevé tout autour de la ville ; mais ils se virent abandonné de ceux qui jusqu'alors leur avaient été les plus fidèles : chacun s'enfuit où il put, et, la peur leur troublant le jugement, leur faisait voir des choses qui n'étaient point ; chacun admettait ou répandait les bruits les plus alarmants : les uns venaient dire que tout le mur occidental avait été renversé ; les autres, que les Romains étaient déjà entrés dans la ville et les poursuivaient ; d'autres enfin, qu'ils étaient déjà maîtres des tours. Tous ces faux rapports ne contribuaient pas peu à augmenter leur trouble et leur étonnement ; aussi, se jetant le visage contre terre, se reprochaient-ils leur démence ; ou, comme s'ils avaient été frappés de la foudre, demeuraient-ils immobiles, sans savoir quel parti prendre.

Dans cette circonstance, plus peut-être que dans tout autre, la puissance de Dieu d'une part, et de l'autre, la bonne fortune des Romains, se manifestèrent avec évidence par leurs effets : car le trouble des factieux et le découragement les portèrent à une résolution insensée, qui les priva du plus grand avantage qui leur restait encore : ils abandonnèrent des positions où ils n'avaient d'autre ennemi que la famine, les tours d'Hippicos, de Phazaël et de Marianne, dont on a pu voir la description plus haut, et qui étaient assez fortes pour n'avoir rien à craindre des Romains, lors même qu'ils les eussent attaquées avec toutes leurs machines. Ceux-ci furent assez heureux pour pouvoir s'en emparer sans coup-férir.

Après donc que Simon et Jean de Giscala les eurent abandonnées, on peut mieux dire, après que Dieu les en eût chassés, ils s'enfuirent vers la vallée de Siloé, où après avoir repris haleine et être un peu revenu de leur frayeur, ils attaquèrent le mur de circonvallation. Mais ils étaient épuisés par tout ce qu'ils avaient souffert, la fatigue, la faim, les veilles et les inquiétudes. Aussi n'attaquèrent-ils que mollement les Romains et en furent-ils facilement repoussés.

Ils se dispersèrent alors et s'en allèrent les uns d'un côté, les autres de l'autre. Cependant les Romains, se voyant maîtres de ces dispositions inexpugnables, y plantèrent leurs aigles avec joie, goûtant un peu de repos avec un bonheur inexprimable, après les énormes travaux qu'ils avaient eu à supporter dans cette guerre dont ils entrevoyaient enfin le terme. Ils avaient même peine à croire, quand ils se trouvèrent en possession de ce dernier mur, qu'il n'y en avait plus quelque autre à forcer, et qu'ils étaient entièrement maîtres de toutes les parties de la ville. Ils s'y répandirent, tuant sans distinction tous ceux qu'ils rencontraient, et brûlant les maisons avec ceux qui s'y étaient retirés. Ils n'y entraient guère d'ailleurs, et ceux qui se hasardaient à le faire, pour rechercher quelque butin, les trouvant pleines de cadavres de familles entières que la famine y avait fait périr, s'empressaient d'en sortir, quoiqu'ils eussent les mains vides, frappés d'horreur à la vue d'un tel spectacle. Mais ce sentiment de compassion qu'ils éprouvaient pour les morts ne les rendait pas plus humains envers les vivants : ils mettaient impitoyablement à mort tous ceux qui leur tombaient sous la main ; les monceaux de cadavres encombraient les rues et les rendaient impraticables ; et le sang, qui coulait à grands flots, luttait avec l'incendie, et seul, il en arrêtait les progrès, ou, au moins, les ralentissait. Le meurtre cessait à la nuit tombante, et alors l'embrasement reprenait le dessus et s'étendait sans obstacle.

Ce fut le 8 décembre (70 ans après Jésus-Christ), que Jérusalem périt ainsi dans les flammes, après avoir souffert, durant le siége, des calamités que l'on ne peut comparer qu'au bonheur et à la splendeur dont elle avait joui depuis sa fondation, et qui l'avait rendue digne d'envie. Mais parmi toutes les misères qui accablèrent cette ville infortunée, la plus grande fut sans doute celle d'avoir produit cette race de vipères qui déchirèrent le sein de leur mère et furent la cause de sa ruine.

Titus entra dans la ville et la parcourut : il en admira surtout les fortifications, et ne put voir sans étonnement ces tours si fortes et si belles, que les factieux avaient eu la folie d'abandonner. Après en avoir considéré attentivement la hauteur et la largeur, les pierres énormes avec lesquelles elles avaient été construites, et l'art admirable avec lequel ces pierres étaient jointes l'une à l'autre, il s'écria : « Je ne puis douter que Dieu n'ait combattu pour nous et n'ait lui-même chassé les Juifs de ces tours ; car il n'y a point de forces humaines ni de machines qui eussent pu les y forcer. » Il entretint encore quelque temps ses amis sur le même sujet, et, étant entré dans les tours, il mit en liberté ceux que les tyrans y retenaient prisonniers et qu'ils y avaient abandonnés. Ce grand prince fit ruiner tout le reste, et ne conserva d'intact que ces superbes tours, afin qu'elles fussent, pour la postérité, un monument du bonheur avec lequel il s'en était rendu maître, et sans lequel il n'aurait pu le faire.

Malgré tout le carnage qu'on avait fait, il restait encore une grande multitude de peuple : les soldats s'étant d'ailleurs rassasiés de pillage et de meurtre, le César fit publier l'ordre d'épargner ceux qui étaient sans armes et de ne passer au fil de l'épée que ceux qui se mettraient en défense. Les soldats n'en tuèrent pas moins les vieillards et les débiles, et ne laissèrent la vie qu'à ceux qui paraissaient vigoureux et propres à l'esclavage : ils les enfermèrent dans la partie du temple qui était réservée aux femmes. Titus les confia à Fronton, l'un de ses affranchis, auquel il avait une grande confiance, et lui donna plein pouvoir de disposer de chacun d'eux selon qu'il le jugerait à propos. Fronton fit mettre à mort les voleurs et les séditieux, qui, dans leur désespoir, s'accusèrent les uns les autres : les plus jeunes, les plus robustes et ceux qui avaient le plus d'apparence furent réservés pour le triomphe ; ceux qui avaient plus de dix-sept ans furent envoyés en Egypte, pour travailler aux ouvrages publics, ou distribués en grand nombre par les provinces, pour servir dans les spectacles en qualité de gladiateurs, ou pour combattre contre les bêtes ; ceux enfin qui étaient âgés de moins de dix-sept ans furent vendus.

Tandis que l'on disposait ainsi de ces infortunés, onze mille d'entre eux moururent : les uns, parce que leurs gardiens, dans l'excès de leur haine, ne leur donnaient point à manger ; les autres, parce que, dégoûtés de la vie, ils refusaient les aliments ; d'autres enfin, parce qu'on ne trouvait que difficilement de quoi nourrir une si grande multitude.

Le nombre de ceux qui furent faits prisonniers durant cette guerre, monta jusqu'à quatre-vingt-dix-sept mille ; le siége seul de Jérusalem coûta la vie à onze cent mille hommes, dont la plupart, bien qu'ils fussent Juifs, n'étaient pas nés et n'habitaient pas dans la Judée, mais y étaient accourus de toutes les provinces pour solenniser la fête de Pâques, et s'étaient trouvés ainsi enveloppés dans cette horrible guerre, et assiégés dans Jérusalem. Les logements leur manquèrent dans la ville ; ils furent, en conséquence, réduits pour la plupart à camper dans les rues et sur les places publiques, aussi la peste se mit-elle parmi eux, et fut bientôt suivie de la famine.

Cette affluence extraordinaire de peuple peut paraître presque incroyable ; peut-être aura-t-on quelque peine à croire qu'elle fût telle qu'une ville si grande n'eût pu y suffire ; mais tous les doutes seront dissipés, quand on connaîtra le fait suivant : Le gouverneur Cestius, sachant le mépris profond que Néron affectait de professer pour les Juifs, pour rectifier l'opinion de ce prince à cet égard, résolut de lui faire connaître les forces dont ils pouvaient disposer. Il ordonna donc aux sacrificateurs de faire le dénombrement du peuple. Ils choisirent pour cela le temps de la fête de Pâques : de neuf à onze heures, on ne cessait de présenter aux sacrificateurs des victimes qu'ils immolaient, et dont on mangeait ensuite la chair en famille. D'après la loi, ces réunions par famille ne pouvaient être moindres de dix personnes, et quelques-unes d'entre elles comptaient jusqu'à vingt convives ; or, il se trouva qu'il y avait eu deux cent cinquante-cinq mille six cents victimes présentées aux sacrificateurs et immolées par eux ; ce qui, en comptant seulement dix personnes par victime, donnerait un total de deux millions cinq cent cinquante-six mille personnes assistant à la fête, et s'y étant purifiées et sanctifiées. A cela il faut ajouter toutes les personnes qui, bien qu'elles fussent venues à cette solennité par dévotion, n'étaient pas admises à offrir des sacrifices, soit parce qu'elles n'étaient pas juives, soit parce qu'elles étaient affligées de quelqu'une des infirmités que la loi déclarait rendre impurs ceux qui en étaient atteints. Titus ayant commencé le siége au temps de Pâques, ce fut cette innombrable multitude d'hommes, la nation juive presque entière, accourue de toutes parts pour célébrer la fête, qui se trouva enfermée dans Jérusalem, et prise comme dans le filet d'un pêcheur.

Certes, jamais aucun événement humain, non plus qu'aucun fléau envoyé de Dieu, ne causa une telle destruction d'hommes : jamais le fer, le feu, la peste et la famine se réunissant, ne firent de tels ravages.

Les soldats romains fouillèrent jusque dans les égoûts et dans les sépulcres pour tuer tout ce qu'ils y trouvèrent qui respirât encore ; ils y découvrirent entre autres les corps de deux mille personnes qui, s'étant réfugiées dans ces lieux, s'y étaient ou tuées de leur pro-

pre main, ou entretuées, ou qui y avaient péri par la famine. La
puanteur qui s'exhalait de ces horribles retraites était telle, que
plusieurs soldats ne purent la supporter, et refusèrent d'y pénétrer.
Il s'en présenta néanmoins d'autres qui, sachant que bien des trésors
y étaient enfouis, ne craignirent point de s'y engager, et de fouler
aux pieds les morts pour satisfaire leur soif insatiable de richesses.
Ils en retirèrent plusieurs infortunés, que Simon et Jean de Giscala
y avaient fait jeter tout enchaînés ; car la cruauté de ces tyrans ne
s'étaient en rien ralentie au milieu des calamités qui, de jour en
jour plus intenses, étaient venues fondre sur Jérusalem. Mais Dieu
leur avait réservé le sort qu'ils méritaient.

Jean, qui s'était caché dans un égoût avec quelques-uns des siens,
se trouva tellement pressé par la faim, que, ne pouvant plus résister à ses angoisses, il implora la pitié de ces mêmes Romains qu'il
avait tant de fois insultés. Ils lui firent grâce de la vie, parce qu'ils
voulaient le réserver pour le triomphe ; puis ils le condamnèrent à
une prison perpétuelle.

Après que l'incendie eut détruit tout ce qui restait encore dans
la ville, les Romains en abattirent les murailles. Jérusalem fut prise
ainsi, et périt le 8 septembre, la seconde année du règne de Vespasien. Elle avait déjà été prise précédemment cinq fois ; d'abord par
Azohéus, roi d'Egypte, puis par Nabuchodonosor, roi d'Assyrie,
qui la ruina, quatorze cent soixante-huit ans après sa fondation ;
une troisième fois par Antiochus Epiphane, roi de Syrie ; une quatrième par Pompée, et enfin par Hérode, aidé de Sosius ; les Romains la prirent pour la sixième fois, et c'est par leurs mains qu'elle
se vit détruite pour la seconde fois.

Elle eut pour fondateur Melchisédech, prince des Chananéens ;
et surnommé le Juste à cause de sa piété. Ce fut lui qui consacra le
premier cette ville à Dieu, en lui bâtissant un temple sur cet emplacement, et en changeant son ancien nom de Solime en celui de
Jérusalem. David, roi des Juifs, vainqueur des Chananéens, s'y
établit avec son peuple, quatre cent soixante-dix-sept ans et six
mois avant que le roi de Babylone ne vînt l'assiéger, la prendre et
la détruire.

Onze cent soixante-dix-neuf ans s'écoulèrent entre le règne de David et le temps où Titus la prit et la ruina ; deux mille cent soixante-dix-sept ans, depuis l'époque de sa fondation.

Rien n'a donc manqué à cette ville, et rien aussi n'a pu la préserver de la destruction : ni son antiquité, ni son opulence, ni sa réputation répandue en tous lieux, ni la gloire que lui avait value la sainteté de sa religion.

Quand la colère des soldats romains ne trouva plus rien sur quoi elle pût s'exercer; quand il n'y eut plus rien à piller ni à tuer, le César ordonna que la ville entière fût ruinée jusque dans ses fondements, à l'exception du pan de mur qui regardait l'Occident, parce qu'il avait résolu de faire une citadelle de ce côté ; et à l'exception aussi des tours de Phazaël, d'Hyppicos et de Marianne, parce que, admirant l'art et la magnificence qui y éclataient, il voulait conserver, comme des monuments qui feraient voir à la postérité quelles étaient la valeur et la science militaire de ceux qui avaient pu s'emparer de vive force, d'une ville défendue par de tels ouvrages. Cet ordre de Titus fut exécuté à la lettre ; et bientôt on ne put plus même soupçonner, en voyant l'emplacement de Jérusalem, qu'il y eut eu jamais des habitants.

Telle fut la fin tragique de cette ville ; fin dont on ne peut imputer en ce lieu la responsabilité qu'à la démence furieuse de ces hommes qui allumèrent à la fois dans la patrie le feu de la guerre civile et celui de la guerre étrangère.

Titus, voulant laisser une garnison dans ce qui restait debout des anciennes fortifications de Jérusalem, choisit pour ce service la dixième légion, avec un corps de cavalerie, et un corps de fantassins auxiliaires. Mais, avant de quitter le théâtre de tant de combats, il crut devoir donner à son armée des louanges qu'elle avait mérités en se comportant si courageusement dans tout le cours de cette guerre, et récompenser ceux qui s'étaient le plus signalés. Il fit dresser à cet effet, au milieu du camp, un vaste tribunal, sur lequel il monta avec ses principaux officiers; le reste de l'armée se concentra tout autour, et quand tous furent à portée de l'entendre, il prit la parole. Il leur dit qu'il était profondément touché de l'affection, du dévouement, de l'obéissance et du courage dont ils lui avaient donné tant de preuves, au milieu des dangers de cette guerre; qu'ils avaient étendu les frontières de l'empire, et fait voir à tout l'univers que ni le nombre des ennemis, ni l'avantage d'une position fortifiée par la nature et par l'art, ni la grandeur des villes, ni le courage de ceux qui les défendaient, ni même quelques revers éphémères et dus à un concours de circonstances heureuses pour l'ennemi, ne pouvaient arrêter l'effort des armes romaines. Il dit encore qu'on ne pouvait rien ajouter à la gloire qu'ils avaient acquise, en terminant une guerre commencée depuis plusieurs années; non plus qu'à l'honneur qu'ils avaient eu de voir que tout le monde avait non-seulement approuvé, mais accueilli avec reconnaissance le choix qu'ils avaient fait de son père et de lui pour les élever à la dignité impériale, et enfin que, bien que tous eussent mérité les éloges, il désirait distinguer par des faveurs et des honneurs particuliers ceux qui s'étaient le plus signalés, afin que l'on sût que, s'il punissait parfois les fautes, ce n'était que bien à regret, et qu'il avait, au contraire, un plaisir infini à récompenser le mérite de ceux qui avaient été les compagnons de ses travaux.

Après leur avoir donné à tous en général ces louanges, il ordonna aux officiers de proclamer ceux qui s'étaient le plus distingués. Il les appela ensuite tous, chacun par son nom, ce qui était un honneur, les loua, les assura qu'il n'était pas moins touché et fier de leur gloire que la sienne propre, et termina, en leur mettant des couronnes d'or sur la tête, des chaînes d'or au cou, en leur donnant des javelots d'honneur à pointe d'or, des médailles d'argent, des sommes d'or et d'argent monnayés, de riches vêtements, ainsi qu'une foule de choses précieuses qui faisaient partie du butin : tous ceux qui avaient été appelés et désignés comme s'étant le plus signalés, reçurent ainsi et emportèrent avec joie des marques de sa munificence. Lorsque tous eurent été récompensés selon leur mérite, il descendit de son tribunal, aux acclamations unanimes de tous ses soldats, et, accompagné des vœux qu'ils faisaient pour sa prospérité, il alla offrir des sacrifices et actions de grâces pour sa victoire. On immola un grand nombre de bœufs

5..

dont la chair fut distribuée aux soldats ; pendant trois jours, les principaux officiers de l'armée furent conviés à des festins par le César, et eurent l'honneur de manger à sa table.

Il distribua ensuite ses troupes et les envoya au différents quartiers qui leur étaient assignés : nous avons vu qu'il laissa la dixième légion, avec quelques troupes de cavalerie et d'infanterie auxiliaire, en garnison à Jérusalem ; la douzième, qui était autrefois en garnison en Palestine, mais qui s'était laissée battre par les Juifs, du temps de Cestius, fut, en punition de cette faute, envoyée le long de l'Euphrate, dans les quartiers qu'occupait autrefois la dixième ; il prit avec lui les deux autres, la cinquième et la quinzième, et partit pour Césarée, où il laissa provisoirement ses prisonniers et tout le butin, qui était immense. Pendant son séjour dans cette ville, il donna des spectacles au peuple ; il en coûta la vie à plusieurs Juifs, dont les uns furent employés à combattre contre les bêtes ; et les autres, à se battre les uns contre les autres, par grandes troupes, comme dans une guerre véritable.

Ce fut vers ce temps que Simon, l'un des deux chefs des factieux, fut pris enfin. Repoussé de la ville haute, il profita du moment où il vit les Romains occupés exclusivement du pillage, assembla les plus fidèles de ses amis, et se munissant d'instruments de maçonnerie et de vivres pour plusieurs jours, il pénétra avec eux dans un égout connu de peu de personnes. Ils s'y enfoncèrent et se mirent en devoir de le parcourir : tant qu'ils ne rencontraient aucun obstacle, ils avançaient assez rapidement ; s'en présentait-il un, ils se servaient, pour s'ouvrir un chemin des instruments dont ils s'étaient munis. Ils se flattaient de trouver enfin, par ce moyen, une ouverture par où ils pourraient s'échapper. Mais ils furent trompés dans leur attente ; car leur travail marchait lentement, et ils avaient fait à peine la moitié du trajet, quand les vivres leur manquèrent, quoiqu'ils eussent été bien loin de les prodiguer. Il fallut donc qu'ils retournassent sur leur pas. Pour tromper les Romains et n'en être pas reconnu, Simon se déguisa en se couvrant d'un vêtement blanc, sur lequel il mit un manteau de pourpre, avec une agrafe, et se dirigea, dans ce costume, vers le lieu où avait été le temple. La garde romaine, surprise à la vue de cet homme, et ne le reconnaissant pas, lui demanda qui il était ; mais, au lieu de répondre à ces soldats, il les pria de faire venir leur officier : celui-ci, qui se nommait Térentius Rufus, vient aussitôt, et ayant appris de la bouche même de ce misérable quel était celui qui se livrait à lui, il le fit enchaîner et mettre en sûre garde, et donna immédiatement avis à Titus de cette importante capture.

Ce fut ainsi que ce tyran, qui avait fait mourir tant de personnes, en les accusant faussement de vouloir se rendre aux Romains, tomba entre les mains des ennemis ; et, par une permission spéciale de Dieu, sans que nul autre que lui-même ne contribuât à sa perte. Les méchants ne peuvent, en effet, quoiqu'ils fassent, se dérober au châtiment que leur prépare ce Juge souverain, auquel rien ne saurait échapper ; et c'est précisément alors même qu'ils se croient en sûreté, parce qu'il diffère de les punir, c'est alors que sa justice se manifeste sur eux par ses effets les plus terribles. La capture de Simon éveilla les soupçons des Romains ; ils firent des recherches dans d'autres égoûts et y découvrirent plusieurs factieux qui s'y étaient retirés. Simon fut mené enchaîné à Titus, qui se trouvait alors encore à Césarée, et qui le fit réserver pour son triomphe.

Avant de quitter cette ville, Titus y solennisa le jour anniversaire de la naissance de son frère Domitien : il déploya dans ses fêtes une grande magnificence, aux dépens de la vie de plus de deux mille cinq cents Juifs, qui avaient été condamnés à mort. Les uns périrent dans les flammes, et les autres en combattant, soit contre les bêtes, soit les uns contre les autres, comme des gladiateurs ; quelque inhumanité qu'il y eût à faire périr ainsi ces malheureux, le souvenir des crimes qu'ils avaient commis étouffait toute compassion dans les cœurs, et faisait dire qu'ils méritaient un châtiment encore plus rude.

De Césarée, Titus se rendit à Béryte, ville de Phénicie et colonie des Romains. Il y demeura quelque temps, ce qui le mena jusqu'à l'époque du jour anniversaire de la naissance de son père, qu'il célébra avec plus de magnificence encore qu'il n'avait fait à celui de la naissance de son frère, mais également au détriment des prisonniers juifs qui, au milieu de toutes ces réjouissances publiques, victimes dévouées aux supplices et à la mort, eurent à recueillir encore une ample moisson de douleurs.

Les Juifs de la Judée n'étaient pas les seuls qui eussent à souffrir : ceux d'Antioche recevaient le contre-coup de la guerre que soutenaient si opiniâtrement leurs frères. Toute la ville se souleva contre eux ; on les accusa des crimes les plus odieux. Par suite du voisinage de la Syrie et de la Palestine, un grand nombre de Juifs s'étaient établis dans la première de ces provinces, particulièrement à Antioche, tant à cause de la grandeur de cette ville, que parce que les successeurs du roi Antiochus l'Illustre, qui saccagea Jérusalem et pilla le temple, leur avaient concédé la faculté de s'y fixer, en y jouissant des mêmes droits que les Grecs ; ils avaient même poussé leurs faveurs jusqu'à enrichir la synagogue de cette ville, en lui faisant don de tous leurs vases de cuivre qui avaient été offerts à Dieu dans le temple de Jérusalem, et qui en avaient été enlevés lors du pillage.

Cette colonie juive jouit paisiblement de ces droits et de ces priviléges sous le règne de ce prince et sous celui de ses successeurs ; elle devint très-florissante, très-nombreuse, et, grâce à cette prospérité, enrichit extrêmement et orna sa synagogue, en même temps qu'elle attirait à sa religion et y convertissait un grand nombre d'idolâtres.

Au moment où la guerre commença et où Vespasien vint par mer en Syrie, ils y étaient fort haïs : il advint que l'un d'eux nommé Antiochus, appartenant à la famille la plus considérable et la plus riche d'Antioche, accusa, en présence de tout le peuple assemblé au théâtre, son propre père et plusieurs de ses coréligionnaires d'avoir conçu le projet de brûler la ville durant la nuit ; il précisa même davantage son accusation, et nomma, en outre, plusieurs Juifs étrangers à la ville, en assurant qu'ils étaient ses complices dans cette conspiration.

Il en résulta une émeute terrible, dans laquelle le peuple brûla ces malheureux au milieu du théâtre; on parla même d'exterminer incontinent tous les Juifs de la ville, tant on se représentait le danger comme imminent. Cependant Antiochus n'oubliait rien pour animer encore davantage la multitude; il déclara qu'il abjurait sa religion, et, pour qu'on ne pût en douter, non plus que l'horreur qu'il prétendait éprouver pour les mœurs des Juifs, il ne se contenta pas d'offrir des sacrifices selon le rite des païens, il voulut encore que l'on y contraignît les autres, et que l'on considérât comme coupables ceux qui refuseraient de le faire. Le peuple embrassa avidement cette proposition : quelques Juifs eurent la faiblesse de céder; quant à ceux qui demeurèrent fermes dans la foi de leurs pères, ils furent tous tués.

Mais Antiochus ne s'arrêta pas encore dans l'horrible voie dans laquelle il s'était engagé ; assisté de quelques soldats que lui donnait celui qui gouvernait cette province pour les Romains, il fit tout ce qu'il put pour empêcher ceux qui avaient été autrefois ses frères, de célébrer le repos du septième jour; pour les contraindre à travailler, ses violences furent telles, qu'en peu de temps le septième jour cessa d'être célébré, non-seulement dans Antioche, mais encore dans toutes les autres villes de la Syrie.

Ce ne fut pas la seule persécution qu'eurent à subir les Juifs d'Antioche : leurs marchés, leurs archives, le greffe où ils conservaient leurs actes et leurs papiers furent brûlés; et l'embrâsement fut si grand que l'on eut toutes les peines du monde à empêcher que la ville entière ne fût réduite en cendres. Antiochus s'empressa d'en rejeter la responsabilité sur les Juifs, et il ne trouva les habitants que trop disposés à prêter confiance à ses calomnies, d'autant plus que, lors même qu'ils n'eussent pas été animés contre les Juifs d'une haine profonde, les accusations précédentes semblaient avoir trouvé leur confirmation dans ce terrible incendie.

La passion les aveugla même au point qu'ils s'imaginèrent avoir vu les Juifs allumer le feu. Ils coururent en masse pour les égorger, et l'eussent fait sans l'intervention de Colléga, qui commandait dans la ville en qualité de lieutenant du gouverneur romain, Césennius Pison, alors absent; ce ne fut pas sans une peine extrême qu'il parvînt à contenir et à calmer un peu cette population furieuse, et à lui persuader de s'en remettre, sur ce qui était arrivé, au jugement de Titus. Il fit faire ensuite une information très-exacte, et il se trouva que les Juifs étaient innocents du crime dont on les accusait, et qui avait été commis par des gens accablés de dettes, qui espéraient, par ce moyen, se préserver des poursuites que l'on pourrait intenter contre eux, parce que, les dépôts des archives étant brûlés, leurs créanciers n'auraient plus de titres à faire valoir contre eux. Cependant, et quelque innocents qu'ils fussent, les Juifs n'attendaient qu'avec anxiété quel serait le résultat d'une accusation si calomnieuse, mais si grave. Les pièces de l'enquête furent envoyées à Titus; ce prince répondit qu'avant de rendre son arrêt, il désirait voir les choses de ses propres yeux, et qu'en conséquence il se rendrait à Antioche. Quand les habitants surent que Titus venait vers leur ville, ils en eurent une joie extrême, et le jour où il devait arriver, ils se rendirent au-devant de lui, avec leurs enfants, jusqu'à une distance de trente stades. Au moment où il passa, ils se placèrent en haie des deux côtés de la route, et, tendant les mains, poussaient de grands cris mêlés d'instantes prières, pour qu'il chassât les Juifs de leur ville. Mais le César les écouta sans leur répondre. On se ferait difficilement une idée des craintes des Juifs, durant ce temps, dans l'incertitude où ils étaient de ce qu'il ordonnerait dans une affaire où il s'agissait de leur ruine entière. Ils ne le surent point ce jour, non plus que les habitants d'Antioche, car Titus, sans s'arrêter dans leur ville, ne fit que la traverser pour se rendre à Zugma sur l'Euphrate, où l'attendaient les ambassadeurs de Vologèse, roi des Parthes, qui lui présentèrent une couronne d'or en témoignage de la part qu'ils prenaient à ses succès sur les Juifs. Ce ne fut qu'au retour de ce voyage qu'il se rendit à Antioche, pour terminer le procès pendant entre les Juifs et le reste de la population. Le sénat et les magistrats le prièrent avec instance d'aller au théâtre où les habitants étaient assemblés. Il y consentit gracieusement : au moment où il entra, il fut accueilli par de grandes acclamations, mais aussi par les mêmes prières de chasser les Juifs. Le César leur répondit qu'il ne voyait pas où il pourrait reléguer ces malheureux, puisque la seule ville où il eût pu les envoyer était détruite et ne pouvait plus les recevoir. Ils le supplièrent alors de vouloir au moins faire enlever les tables d'airain sur lesquelles on avait gravé les priviléges de cette nation, et de l'en priver; mais il ne leur accorda pas davantage cette seconde demande, et ne tarda pas à quitter la ville pour passer en Egypte, laissant la contestation entre les Juifs et les autres habitants, dans l'état où il l'avait trouvée.

Ce grand prince, aussi bien que vaillant, passa par Jérusalem : cette ville ne présentait plus que l'image d'une affreuse solitude ; au lieu de s'en réjouir, comme l'eût fait tout autre vainqueur à sa place, après avoir fait tomber sous ses armes ce puissant boulevard de la révolte, il ne put se défendre d'un profond sentiment de compassion, en comparant ce tableau de destruction à la magnificence à laquelle il succédait ; et l'état déplorable où était actuellement cette ville, à ce qu'elle avait été autrefois. Il maudit les auteurs de la révolte, qui l'avaient réduit à en venir à ces moyens extrêmes, lui qui était naturellement si éloigné de chercher sa gloire et sa joie dans le malheur des vaincus, quelque coupables qu'ils fussent.

Les richesses de cette ville avaient été immenses, et les soldats, en fouillant dans les ruines, y découvraient encore une foule de choses précieuses, et les prisonniers les aidaient à chercher et à trouver ces trésors ensevelis par ceux qui les avaient possédés, dans l'incertitude des chances que leur préparait la guerre.

Poursuivant son voyage vers l'Egypte, le César ne fit que passer à travers ces tristes débris d'une ville jadis si opulente, et se dirigea vers Alexandrie. Dès qu'il y fut arrivé, il y fit embarquer d'abord les deux légions qu'il avait amenées avec lui; puis Jean et Simon, les deux chefs des factieux, avec sept cents de leurs compatriotes captifs qu'il avait choisis parmi les plus grands et les mieux faits et qui devaient orner son triomphe. Lui-même s'embarqua peu après pour l'Italie.

Vespasien et son second fils Domitien voulurent aller au-devant de Titus et recevoir le vainqueur; le spectacle de la concorde qui unissait ces trois hommes, les premiers de l'empire, excita un enthousiasme extrême dans le peuple de Rome. Le sénat décréta que chacun des deux princes qui avaient contribué à la victoire sur les Juifs, triompherait séparément; mais Vespasien et Titus, refusant cet excès d'honneur, décidèrent qu'il ne se ferait qu'un triomphe pour eux d'eux.

Quand le jour de cette solennité extraordinaire fut arrivé, dans toute cette multitude infinie qui composait la population de Rome, il ne se trouva pas un homme valide qui ne voulût en être spectateur; et la foule fut tellement nombreuse et compacte qu'on eût toutes les peines du monde à ouvrir un passage au cortége des deux empereurs. Tous les gens de guerre, leurs chefs en tête, et marchant dans un ordre parfait, se rendirent, dès le point du jour, au temple d'Iris où les deux princes avaient passé la nuit; peu après Titus et Vespasien en sortirent, couronnés de lauriers et vêtus de pourpre, et se rendirent sur la place d'Octavie, où le sénat en corps, les principaux personnages de l'empire et les chevaliers les attendaient.

Vespasien, entouré de ses deux fils, Titus et Domitien, somptueusement vêtus, les deux premiers sur un char, le dernier à cheval, s'avançaient, en effet, et fermaient la marche.

Le cortége se rendit en cet ordre au temple de Jupiter-Capitolien, où il s'arrêta jusqu'à ce que, selon l'ancienne coutume, on eût annoncé la mort du chef des ennemis. Celui que les Romains considérèrent comme tel fut Simon, fils de Gioras : il parut d'abord dans le triomphe, au milieu des autres captifs, puis on le traîna, la corde au cou, jusqu'au lieu du supplice, sur la place du Grand-Marché, où on le battit de verges, et on l'exécuta publiquement. Aussitôt que l'on eut annoncé sa mort et que chacun en eût témoigné sa joie par ses applaudissements, on offrit les sacrifices usités en pareille circonstance, en les accompagnant de vœux et de prières. Quand ces cérémonies furent achevées, les empereurs se retirèrent dans le palais, où ils firent un grand festin. Il s'en fit d'autres en même temps dans toute la ville; et partout l'on fêta ce jour, et l'on rendit grâce à Dieu de la victoire

remportée sur les ennemis, et de ce que l'on considérait comme
celui de la fin de la guerre civile et du commencement d'une ère
de félicité.

Après ce triomphe, Vespasien, voyant la paix affermi dans
l'empire, consacra le prix d'une partie du butin pris sur les Juifs à
faire construire, avec une rapidité étonnante, un temple dédié à
la paix : il l'orna de tableaux des plus grands maîtres, et de ceux
qui avaient figuré dans la cérémonie du triomphe : il y plaça aussi
la table d'or, le chandelier aux sept branches et la grande partie
des riches dépouilles enlevées au temple de Jérusalem : glorieux
trophée destiné à attester aux générations futures les victoires rem-
portées par lui et par son fils Titus. Il se réserva cependant le livre
de la loi et les voiles de pourpre du temple, et les fit garder
soigneusement dans son palais.

Vers cette époque, l'empereur envoya ordre à Bassus et à
Libérius-Maximus, son intendant, de vendre toutes les terres de
la Judée, parce qu'il voulait se les réserver pour son domaine, et
ne plus permettre qu'on y bâtit de villes ; le même message portait
qu'il n'y aurait plus désormais de garnison pour Jérusalem qu'à
Emmaüs, qui en est éloigné de trente stades, et où on ne devait
laisser que huit cents hommes. En outre, un autre décret de la
même date portait qu'à l'avenir les Juifs, en quelque lieu qu'ils
habitâssent, paieraient au capitole les deux drachmes par tête qu'ils
avaient payées jusqu'alors au temple de Jérusalem.

Tel fut l'état où cette misérable nation fut réduite.

Bassus mourut avant l'expiration de son gouvernement ; il eut
pour successeur Flavius-Sylva, qui voulut signaler son passage
au pouvoir par le seul fait d'armes important qui restât encore à
faire : c'était la prise de Massada. Il assembla, en conséquence,
toutes les forces dont il pouvait disposer pour attaquer cette place.
Eléazar, chef des sicaires ou assassins, y commandait à une bande
de factieux qui traitaient en ennemis ceux de leur nation qui, de
gré ou de force, se soumettaient aux Romains; ils pillaient leurs
biens, emmenaient leur bétail, brûlaient leurs maisons et les
tuaient eux-mêmes quand ils le pouvaient. Du reste, ce n'était là

qu'un prétexte pour motiver leur inhumanité et leur avarice comme
ils le firent bien voir en ne cessant pas de persécuter ceux qui,
après s'être soumis aux Romains, se révoltèrent de nouveau, mais
qui voulaient aussi qu'on leur fît une guerre régulière et non une
guerre de pillage, dont le pauvre peuple portait tout le poids. Jamais temps ne fut plus fécond en crimes que ne le fut celui-là chez
les Juifs : c'était, parmi les rebelles, à qui surpasserait ses compagnons en cruautés et en impiétés. Il n'y avait que corruption
dans les masses comme dans les individus : les riches tyrannisaient
le peuple ; le peuple tâchait de ruiner les riches ; les uns voulaient
dominer, les autres voulaient piller. Quant aux sicaires, ils se
distinguaient aux premiers rangs parmi ceux qui se signalèrent par
des violences et par des meurtres. Leur bouche ne prononçait que
des paroles de colère ; leur cœur était avide de trahisons, et leur
esprit ne se plaisait qu'à chercher les moyens de faire du mal.

Cependant, quelque détestables et quelque violents que fussent
ces hommes, ils pouvaient passer pour modérés en comparaison
de ce qu'avait été Jean de Giscala. Celui-ci ne se contentait pas de
traiter en ennemi et de faire mourir ceux qui proposaient des
choses utiles à la cause commune ; mais il n'y avait sorte de maux
qu'il ne cherchât à faire à sa patrie. Il n'y a, du reste, pas lieu de
s'étonner qu'il eût renoncé à tous sentiments d'humanité, celui
qui foulait aux pieds le respect dû aux lois de ses pères, qui avait
renoncé à la pureté dont les Juifs faisaient profession, qui ne
craignait pas de manger des viandes défendues, et dont la fureur
allait jusqu'à commettre mille impiétés envers Dieu lui-même.

Et Simon, quels crimes n'a-t-il point commis ? De quelle
effrayante manière n'a-t-il pas traité ceux-là mêmes qui, après
l'avoir reçu dans Jérusalem, s'étaient rendus esclaves en se soumet-
tant à son autorité tyrannique ? La parenté, l'amitié, tous les liens
qui unissent le plus fortement les hommes, ne purent l'empêcher
de tremper sans cesse ses mains dans le sang, et ne furent le plus
souvent que des stimulants pour sa cruauté.

Les Iduméens ne restèrent d'ailleurs nullement en arrière de ces
hommes en fait de crimes. Non-seulement ils massacrèrent les sa-

crificateurs, et abolirent toutes les marques de piété qui pouvaient
subsister encore, mais ils détruisirent aussi tout ce qui avait quelque apparence de justice, et mirent l'injustice sur le trône. Ils
firent voir qu'ils étaient vraiment des zélateurs ; ce ne fut pas par
l'amour des choses justes et saintes, quoique ce fût le prétexte
sous lequel ils avaient pris ce nom, qu'ils s'attribuaient si faussement et dont ils éblouissaient les ignorants ; mais ce fut par le
zèle véritable et ardent qu'ils avaient de surpasser, en toutes sortes
de crimes, les plus grands coupables qui aient jamais effrayé le
monde. Du reste, si, de leur côté, ils ont fait voir jusqu'à quel
excès peut aller l'impiété ; Dieu, de son côté, a montré combien
sa justice était redoutable pour les méchants, puisque, de tous les
tourments que les hommes puissent souffrir, il n'en est point que
ces factieux n'aient soufferts pendant leur vie, et, sans aucun
doute, encore après leur mort.

Nous avons vu que plusieurs de ces misérables occupaient le fort
de Massada sous le commandement d'Eléazar leur digne chef, et
que le nouveau gouverneur romain, Sylvia, avait résolu d'attaquer
et prendre cette forteresse, dernier asile de la révolte dans sa province. Il s'en approcha à la tête d'une petite armée ; occupa au moyen
de garnisons, tous les ports voisins qui lui parurent de quelque
importance, fit construire autour de la place un mur de circonvallation pour couper aux assiégés toute retraite et toute communication avec le dehors, et enfin prit lui-même son quartier à l'endroit
où les rochers, sur lesquels étaient bâti le château, rejoignaient
la montagne voisine. Un des plus grands obstacles que les assiégés
rencontrassent dans ce siége, c'était l'extrême difficulté qu'il y avait
pour eux à se procurer des vivres : ce n'était pas seulement des
aliments qu'il fallait aller chercher au loin avec des fatigues mor-
telles pour les Juifs qu'on y employait ; mais l'eau même, qui
manquait dans cette contrée où il n'y avait ni fontaines, ni fleu-
ves, et où il ne pleut que rarement. A ces difficultés se joignait
celle de la force de la place. Le château était construit au sommet
d'un rocher très-haut, à pentes escarpées et environné de tous
côtés de profondes vallées. Inaccessible presque de toutes

parts, cette forteresse ne communiquait avec la plaine que par deux chemins rudes et pénibles, dont l'un, du côté de l'orient, monte vers lui du côté du lac Asphaltite, et l'autre, du côté du couchant, le fait communiquer avec la Palestine. On a donné à l'un de ces chemins le nom de couleuvre, parce qu'il forme de nombreux plis et replis, et que les rochers à travers lesquels il est frayé, l'obligent fréquemment de tourner autour d'un même point et de revenir presque sur lui-même pour avancer peu à peu ; l'on n'y marche qu'à grande peine et avec des précautions continuelles, car le moindre faux pas serait mortel et précipiterait le voyageur, du haut des rochers, dans des gorges et des profondeurs que les plus hardis n'osent contempler sans pâlir. La longueur de ce chemin est de trente stades. Le sommet du rocher n'est pas terminé en pointe, mais en une surface plane assez étendue.

Le grand pontife Jonathas avait lui-même autrefois choisi cet emplacement pour y bâtir un château auquel il donna le nom de Massada ; après lui, Hérode n'épargna rien pour ajouter à la force de cette position : il l'environna d'un mur construit en pierre blanche de douze coudées de haut et de huit de large. Ce mur avait sept stades de circonférence, et était flanqué de trente-sept tours, hautes chacune de cinquante coudées. Des logements spacieux avaient été ménagés dans l'intérieur de la forteresse pour une nombreuse garnison. On avait aussi tiré parti de tout le terrain que n'occupaient pas les bâtiments ; et Hérode l'avait fait cultiver pour qu'il offrît quelques ressources à ceux qui chercheraient leur sûreté dans cette place, s'ils ne pouvaient renouveler leurs vivres ailleurs. Le même prince avait fait élever, dans l'enclos de Massada, du côté du nord, un palais magnifique, dont les quatre angles étaient garnis de tours hautes de soixante coudées. Les appartements de ce palais, les galeries et les bains étaient admirables ; des colonnes d'une seule pierre les soutenaient, et le pavé en était de marbre et de mosaïque. De nombreuses citernes, taillées dans le roc, assuraient à la garnison une abondante provision d'eau. Un chemin creusé dans les rochers conduisait du palais au château ; mais ce chemin ne pouvait être vu de dehors. A mille coudées en avant de la place , du côté de l'orient, dans la partie la plus étroite du chemin qui menait au château dans cette direction, une tour fermait le passage et interdisait l'accès du rocher de ce côté; en outre , tout ce chemin avait été fait de telle sorte qu'il était difficile d'y marcher, lors même que l'on n'y eût pas rencontré d'obstacle. L'art et la nature avaient rendu cette place inexpugnable. On y avait rassemblé des provisions de toute espèce , et surtout du blé en telle abondance qu'il y en avait de quoi nourrir la garnison pendant plusieurs années. Quand Eléazar surprit ce château et s'en empara , il trouva toutes ces choses aussi saines que lorsqu'elles y avaient été mises, quoiqu'il y eût près de cent ans qu'elles y étaient ; ce que l'on doit attribuer sans doute à ce que ce lieu , étant fort élevé , l'air y était si pur qu'il était difficile que rien s'y corrompît. Les arsenaux de Massada contenaient, outre des armes pour dix mille hommes, une grande quantité de fer, de cuivre et de lingots : tous ces préparatifs avaient été faits par Hérode, parce que ce prince voulait s'assurer une retraite dans ce château, au cas où il fut tombé dans l'un des deux périls qu'il craignait par-dessus tout : une révolte des Juifs, pour rétablir sur le trône la race des rois Asmonéens , ou, ce qu'il appréhendait bien plus encore, une tentative de la reine Cléopâtre pour le faire tuer , dans le but de s'emparer de son royaume. C'était , en effet, un des projets de cette princesse; et, comme Hérode en était informé , il avait mis le château de Massada en état de lui offrir un refuge assuré, et l'avait si bien fortifié que , bien que ce fût la seule place insoumise , les Romains ne pouvaient, avant de l'avoir prise , se flatter d'avoir terminé la guerre contre les Juifs.

Quand le mur de circonvallation , que Sylva avait fait élever autour de la place fut achevé, ce général chercha le côté faible ou le plus accessible par où il pourrait diriger son attaque. Il n'en trouva qu'un seul qui lui parut propre à cet objet : c'était au-delà de cette tour, qui barrait le chemin par lequel on montait au palais et au château; il y avait là un roc nommé Leucé, c'est-à-dire blanc , plus large, mais moins haut de trois cents coudées que celui sur lequel était bâtie la forteresse. Sylva s'y établit d'abord de force , puis il y fit apporter de la terre par ses soldats ; ils y travaillèrent avec tant d'activité , qu'ils y élevèrent une masse de cent coudées de hauteur. Mais ce terre-plain ne parut pas à Sylva suffisamment solide pour soutenir les machines. Il le fit donc surmonter d'un vaste cavalier construit en grosses pierres te ayant cinquante coudées de haut et autant de large.

On éleva sur ce cavalier une tour de soixante coudées de haut toute revêtue de fer en dehors ; du sommet de laquelle les Romains lançaient sur les assiégés une grêle de flèches et de pierre qui les empêchaient de se montrer sur la partie de la muraille qui était exposée. Quand les défenseurs du château eurent été ainsi écartés du côté que l'on voulait attaquer, les Romains firent avancer et jouer un bélier, mais ils éprouvèrent une peine extrême à faire brèche dans le mur ; et les assiégés construisirent d'ailleurs, avec une incroyable diligence, derrière le premier mur, un second qui n'eut plus à craindre l'effort des machines.

Mais si ce rempart défiait le bélier, il n'était point à l'épreuve du feu. Sylva fit amonceler au pied de ces poutres une grande quantité de matières combustibles qu'on alluma. Le feu prit au bois, gagna jusqu'au gazon du rempart, et bientôt on vit s'élever une grande flamme. Le vent du nord qui soufflait en ce moment poussa d'abord une poussière embrasée du côté des Romains et menaça d'incendier leurs machines. Tout-à-coup, comme si Dieu se fût déclaré en leur faveur, le vent changea, et, passant au midi, fit retourner cette flamme contre le mur des juifs, et en augmenta de telle sorte l'embrâsement, qu'il brûla entièrement du haut en bas. Reconnaissant le secours que Dieu leur prêtait en cette circonstance , les Romains retournèrent avec grande joie dans leurs camps, bien décidés à donner l'assaut le lendemain, dès la pointe du jour ; ils doublèrent en outre leurs corps-de-garde, pour empêcher que les assiégés ne s'échapassent.

Leurs craintes à cet égard étaient mal fondées . Eléazar était fort éloigné de vouloir se sauver, et même de permettre à qui que ce fût d'y songer. La seule pensée qui lui vint à l'esprit lorsqu'il vit ce dernier rempart réduit en cendres , et toute espérance de salut

évanouie, ce fut de se délivrer lui et les siens, avec leurs femmes
et leurs enfants, des outrages et des maux que les Romains leur
feraient subir lorsqu'ils seraient maîtres de la place. Et, par un
discours chaleureux, il s'efforça d'exciter ses compagnons à éviter
par un suicide, qui eût mis le comble à leurs crimes, les supplices
ou l'esclavage qui eussent été le juste châtiment qu'ils avaient mérité; mais son discours ne fut pas accueilli de même par tous ses
auditeurs : les uns en furent touchés au point qu'ils brûlaient d'impatience de terminer leurs jours par une mort qui leur paraissait si
glorieuse, les autres, émus de compassion pour leurs femmes, leurs
enfants et eux-mêmes, s'entre-regardaient, et témoignaient par leurs
larmes qu'ils n'étaient pas de ce sentiment. Eléazar, craignant que
la faiblesse des uns n'amollit le courage des autres, reprit son discours avec plus de force ; et, pour les toucher tous par la considération de l'immortalité de l'âme, il le commença en regardant fixe-
ment ceux qui pleuraient :

« Je vois que je me suis trompé, leur dit-il, en vous prenant
pour des gens de cœur qui aimeraient mieux mourir glorieusement
que de vivre avec infamie. » Le méchant ne craignit pas ensuite de
s'appuyer sur les saintes Ecritures et sur le dogme sacré de l'immortalité de l'âme, pour engager ceux de ses compagnons qui hési-
taient à commettre un suicide, et pour fortifier dans leur résolution
ceux qui avaient favorablement accueilli son premier discours.

Il n'y réussit que trop bien ; ses paroles émurent profondément
ceux auxquels il s'adressait, et tous l'interrompaient pour le presser
d'en venir à l'exécution. Ils étaient transportés de fureur, et donner
la mort à leurs femmes, à leurs enfants et à eux-mêmes, leur paraissait non-seulement une action généreuse entre toutes, mais
même une chose désirable : ils n'avaient qu'une crainte, c'était que
quelqu'un ne leur survécût. Ils allèrent vers leurs femmes et leurs
enfants, les embrassèrent, leur firent, en fondant en larmes, leurs
derniers adieux, leur donnèrent les derniers baisers ; puis, comme
si leurs mains eussent été des mains étrangères, ils exécutèrent
leur funeste résolution en leur représentant la dure nécessité où ils
étaient de s'arracher ainsi le cœur à eux-mêmes en leur arrachant

la vie, pour les préserver des outrages qu'ils auraient eus à subir de la part des ennemis s'ils étaient tombés vivants en leur pouvoir. Pas un seul ne sentit son courage faiblir dans une œuvre aussi tragique : tous tuèrent leurs femmes et leurs enfants ; et dans la persuasion que l'extrémité à laquelle ils étaient réduits les y contraignait, cet horrible carnage n'était plus à leurs yeux que le moindre des maux qu'ils avaient à redouter. Mais ils ne l'eurent pas plutôt achevé que, ne pouvant plus supporter l'existence après la perte de personnes qui leur étaient aussi chères, ils se hâtèrent de réunir tout ce qu'ils possédaient encore, en firent un monceau auquel ils mirent le feu, puis s'en rapportèrent à la voie du sort pour qu'il en désignât dix d'entre eux qui tueraient tous les autres.

Alors chacun d'eux alla se placer près des corps des siens, et, les tenant embrassés, présenta la gorge aux exécuteurs. Ceux qui avaient été chargés par le sort de cet épouvantable ministère, s'en acquittèrent froidement et sans témoigner la moindre émotion. Quand ils eurent fini, ils s'en rapportèrent encore au hasard par le choix de celui qui devait tuer les neuf autres, et ceux-ci s'offrirent à leur tour avec la même impassibilité qu'avaient fait les premiers. Le dixième, se voyant seul, regarda de tous côtés et s'assura qu'il n'y avait plus personne qui eût besoin de son horrible assistance, pour être délivré de ce qui lui restait de vie ; quand il eut reconnu que tous étaient morts, il mit le feu au palais ; et après s'être rapproché des corps de ceux qui lui avaient été chers, il acheva, d'un coup qu'il se donna, cette sanglante tragédie.

Ces effroyables calamités avaient été annoncées au peuple juif long-temps d'avance. Il pouvait s'y attendre et aussi s'en préserver, s'il n'eût été aveuglé par l'orgueil et par la chair. Jérusalem et son temple ont été détruits deux fois, l'une par Nabuchodonosor, l'autre par Titus ; mais en ces deux occasions la justice de Dieu s'est manifestée sous des formes différentes : l'un des deux châtiments devait être transitoire ; l'autre, à peu près sans rémission.

Limoges. — Imprimerie de Barbou frères.

www.ingramcontent.com/pod-product-compliance
Lightning Source LLC
Chambersburg PA
CBHW060604100426
42744CB00008B/1306